艾伯特・費爾普斯

談女性與教育

社會責任、素養教育、兩性關係……
25封叔姪間的青春寄語，看19世紀美國的女性價值及對信仰道德的思索

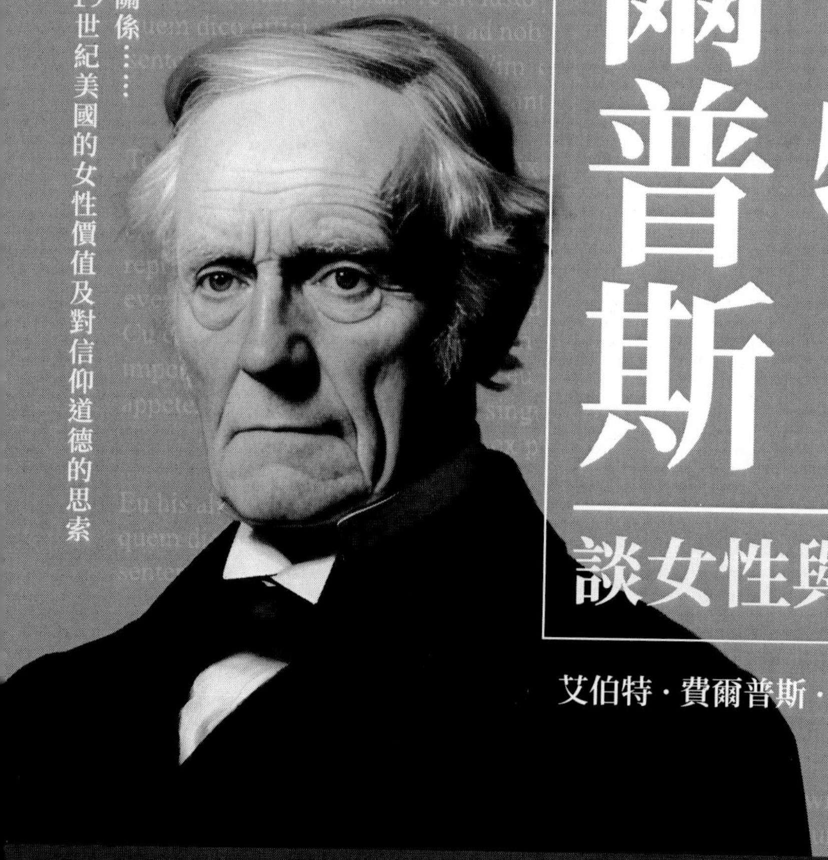

艾伯特・費爾普斯・格雷夫斯——著
王瀠萱——譯

關於愛、信仰、思想、勇氣、道德……
艾伯特・費爾普斯25封信札的真摯獨白，
兩代人共同敘寫成長的困惑與身而為人的價值！

目錄

作品背景

本書第一版於西元 1879 年出版。19 世紀的美國，在那些已經安定下來並且日益繁榮的社區，由於付諸家事的產品不斷增加，許多婦女感到她們的日常事務逐漸減輕，流行的社會準則便把她們推向了理想化的方向。受到不斷變化的生活方式和國外的風氣的影響，人們心目中女人的婦女形象應是：虔敬、寬容、謙虛、溫柔、機智。在這個時期女子被稱作「女性」，而不是女人。

19 世紀婦女開始工作、參加各種社交活動，這與原本所認為的女性應該溫柔地恪守社會傳統美德相背離。人們的理由多得數不勝數：婦女應該是家庭和全部道德準則的維護者，而不應該去與男人們競爭。人們覺得在當時的情況下，婦女待在家中，無論從身體、氣質還是才能方面都是再好不過了。

19世紀的社會，如同不願看到婦女參加工作一樣，也不樂意為女性提供接收教育的機會，直到南北戰爭之後，才出現了一家家女子中學。

在19世紀後期，由於女權主義者的大聲疾呼，美國的各個州政府才整理相應的法律，承認了女性的基本權利，但緩慢的改革一至持續到今時今日。

艾伯特·費爾普斯·格雷夫斯身為一名福音傳教士，積極投身於各種宗教活動。印刷和發送千百萬部聖經和小冊子，與酗酒、抽菸、瀆神，破壞安息日等壞現象對抗，到異教徒聚居的邊區去傳教，宣揚和平，爭取婦女活動的權利，建立主日學校等運動。在當時的社會背景下，對於和他的侄女年齡差不多的一些女性在爭取自身權利的道路上多麼需要其他人的支援，因此，這樣一本書在當時而言是有相當大的影響力。

006

紀念維吉尼亞・B・斯波爾女士

獻給那些我用高尚的品行指導過的並且試圖在天國的道路上領航的無數年輕女性，筆者謙遜地寫下這些信件和對生活的看法及感悟。

序言

為了回答一些年輕女性每天都在問的重要而且又非常實用的問題，我寫了一系列的書信。在我身為福音傳教士的期間，各式各樣而又豐富多彩的人生經歷強調了這樣一卷具有啟發性的書籍的重要性。收到來自我的侄女伊薩和其他一些人的信之後，我嘗試著用一種平實無華的言語，不在文學價值上做一丁點嘗試地去回答這些問題。篇幅的限制，及在連續不停的工作，所以只能擠時間，從而使得這些信件讀起來十分簡潔。對成千上萬的年輕女性而言，這些信件若能有一點幫助，那便是作者最大的冀望。在這些信中，我將這些年對達至平和生活的觀點和感悟奉獻給大家，也希望與年輕女性們一起分享。

A.P.G.（作者姓名字頭縮寫）

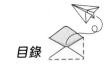

第一封信——在男性中間至高無上的女性

我親愛的侄女：

妳一直催促我給妳寫一封信來表達我對女性的價值和能力的看法。只要我的學識和時間允許，我希望在這幾封信中盡可能多的告訴妳一些我的看法，希望對像妳和其他女性朋友們這樣生活剛剛開始起步的人能夠有些益處。妳可以徹底地坦率地問任何問題。像「女性的無上權威由什麼構成？」這樣的問題既開闊而又有力度。沒有什麼問題能夠更加開闊而有力度了。夏娃咒罵著這個世界，然而聖母瑪利亞給我們帶來了救世主。有些人反對這個觀點，她們說，不要把這些事情過多的歸因於女性；但是我堅持認為確實是夏娃引誘了亞當，而且由於女性無法抵抗的影響力他屈服了。從那一天開始直到現在就一直是這樣。

在各個歷史時期女性就一直掌管著正義與邪惡的力量的天平。像夏娃和聖母瑪利亞這樣的人對於男人性格的影響比其他任何一種生物的影響都要大。女性與生俱來的本性使得她不得不成為了無上權威。女性的情感是她最強大的因素之一。這些足以將她置於最高的地位之上。從未有其他的生物曾經站在過這麼高的位置上。女性與生俱來的對於勸告說服人類的適應能力超過了其他任何一種生物。那些曾經擁有部長大臣，律師，教育家，議會大廳或是大學校園像母親，姐姐或是妻子那樣影響過男人的地方哪去了？女人是至高無上的，這是真的而且是毋庸置疑的。如果一個女人的生活有目標且高雅莊重，並且生活很純淨，那麼她確實是至高無上的；而且即使邪惡和罪惡占據了一個女人的內心，朝錯誤的方向發展依然如此。那麼就這種無上權威而言男人們是如何看待女人的呢？我來告訴妳吧！他們認為這種無上權威是根深蒂固的並且還將繼續下去。他們也無法避免；身為有生命的人，尤其是那些被善良的聰明的高尚的女人控制的男人，其中許多的歡樂也是無法避免的。有那麼多的男人標示了成功的高度，宗教，財富，或是影響中獲得的地位，都如實而又公正地把他的地位名望歸因於女性合理的勸告以及影響。

一個貧窮倒楣的男人，在女人使他沒落的時候，必須喝下多少杯哀傷才能受盡痛苦。女性是無法抗拒的。影響力帶走了她的決心就像大風吹走稻穀殼那樣。親愛的伊薩，我不能說男人沒有能力。他們有。他們的力量是巨大的，但是女性的那些力量更加強大的。女人們做出正確的事是多麼的重要啊！那也使我想起了妳問我的問題「虔誠會使女性獲得男人們更高的評價嗎？」是的，它可以。妳知道的，伊薩，身為一個公眾人物多年來我一直都有機會接觸大量各種身分地位以及各種職業的同事，現在我向妳聲明一下，如果言語和行動算作是證據，我還從未見過一個比尊敬基督徒還要尊敬女人的男人。那些無宗教信仰者、追求名利以及一些生活在社會底層的一些人他們經常試著去將一些女人帶入了懷疑和罪惡的深淵；但對於所有的這些，在我理清了這件事後，我總是會發現男人們用了女性的母親，姐姐，妻子或是朋友的角色來讚美基督徒。即使是在一隻野獸的旁邊，女人的魅力也會迫使他們去這麼做。女性們相信她們這種影響的力量嗎？有一些女性相信，已經到了極致的地步，但是有一些則很不太在意這件事。

親愛的侄女，我必須得跟妳說，妳不可能再問我一個比這個更重要的問題了，「女性們相信她們這種影響的力量嗎？」如果一個女人不在意這種影響的力量，失去了她所有的能力變得像草原上席捲一切的狂風那樣的狂亂，這個世界會是什麼樣子？為了達到這種思想境界，醒醒吧！我年輕的朋友們，讓這些真正的提問在妳的內心喚起妳去理解自己地位的意圖吧！只要妳活在這世界上，妳就擁有讓妳自己拒絕毫無思想，漫無目的的權力。妳知道這也是當今時代成千上萬的女性朋友們的禍根嗎？

教育，財富、朋友以及重大的機遇全部都與她們有關，但是她們卻完全不關心她們的力量和生活。激發妳的每個想法並去「了解妳自己」。妳的內心和情感的天賦，連同道德品行，心理以及身體的能力都不是輕易能得到他人的尊敬的。如果女人學習領悟了她的影響力並且能精明地使用它，那麼對於每個年輕的女性以及和她有關的世界而言將會變得十分美好。這就是美國的女孩們當前最迫切需要的。

離開了學校去尋找一些占用時間和天賦的計畫，與最好的方式相比那是多麼欠缺思考啊！在這個重要的時期她應該把她的能力和地位看成是「一個上帝創造的女人。」女人可以過高估計賦予在她身上的責任嗎？不能！當妳問這個問題時妳所出於的目的實在是很有說服力。有人曾給世界留下這樣一句箴言「如果你無法在路途中確立目標，那麼就把目光瞄準太陽吧！」對於妳和每一位年輕的女性而言要是能注意到這一點那真是太好了。

低下的動機，情形及影響可能會達到一定程度；但是上帝會讓她為她的行為負責任的，無論是好的還是壞的。責任完全是她自己的。責任不屬於她的父親，母親，姐妹或是兄弟；是她自己的，並且她必須得對這種責任的概念有一定程度的了解。過高估計！和她的力量，智力以及道德品行一起去享受無法表達的幸福或是忍受在這世界上說不清的痛苦，用不朽的洞察力去回顧在這世界上即將到來的各種責任。不，不，我親愛的侄女，對這種天賦不可能有評價過高的時候，人們需要這種天賦。如果能夠精明的支配，女性的志向應該更加遠大。他們也不可能過分。當然妳知道我不可能激勵女性去追求任何建立在她的痛苦之上的事情。她理所當然地必須負起責任，無論好壞對錯。不光我們的造物主給了我們指引，過去的一些年輕女性的事例也給了我們鮮明的教訓。其中的一些是盛大宏偉的，然而另外的一些則令人感到很悲傷，非常的悲傷。接下來要在所有的志向抱負中使妳的責任更明確，像這樣的一步一步地就會引領著妳到達幸福的定點，而不是悲哀的深淵。對於每位年輕的女性而言踩在力量山峰的山頂，歌頌一些不為人知的品行，接著走向緩緩流淌著甜蜜和數不清的情感的小河岸邊，這都是有可能的，就像是不發生這些事也是可能的一樣。

真摯地

妳的叔叔

第二封信——愛

我親愛的侄女：

可能妳還沒有理解妳問過我的關於愛的問題的含義。不過，我敢肯定，如果我能給妳一點與這個話題有關的些許暗示，這封信對於妳的生活的意義就不會是徒勞的。我能給妳講一些真愛的基礎嗎？是的，我能。不過首先讓我來告訴妳什麼不是真愛吧！真愛不僅僅是由人類的熱情所激起的人類情感。真愛不是那些僅僅可以觸動人大哭或是大笑，流淚或是微笑的情緒流露。真愛不是由世俗的心境所驅使產生的盲目狂熱。

但是愛是我們人類本質中的一個元素，是上帝賦予我們的並且是神聖莊嚴的。這就是真愛，而且永遠也不會變質，直到有蓄意的罪惡驅使才會發生改變。可能會有些固有的愛慕情感，這種情感在人類，野獸中會朝不同的方向自我發展，但是這不是我們所討論的愛。我們的話題是崇高的、偉大的，值得在創世紀的畫卷中流芳百世。在人世間的所有這些中，年輕的女性擁有了可愛和美麗。當認知到並且崇尚這種純淨堅固的根基，她立刻就會脫穎而出。親愛的伊薩，妳知道這個問題的含義和答案了嗎？妳對於解決關於愛的問題這麼興奮，並且很焦急地想要了解妳怎樣才能避免虛假的愛如此普遍這都並不奇怪。許多年輕的女性都十分渴望知道這一點。其中的許多人在認知到這些之前就被那些詭計多端的勁敵欺騙了。陷阱是數不盡的而又十分奸詐狡猾的。但是對於一個女孩而言被這種虛假的愛壓倒是完全沒有必要的。在她的雙手中掌握著力量的天平。讓她試著了解真愛的地位和力量，就像前面提到的那樣，她就會得到保衛自己的第一個教訓。現在必須去征服的而又幾乎是難以逾越的屏障，就是對於公開的感情的貶低評價。讓我而言明這所學校的特色吧！時代的舞廳。我的意思是在一連串事件中的關聯性，從起居室翩翩起舞一直到淫邪的舞廳最底層[1]。在這裡愛可以得到發展。不是神聖莊嚴的，而是有人情味的。像天使一樣的妙齡少女在進到這裡，動機和生活上很純淨的，並且只能在虛假的愛的汙染中畢業的學校方面有多少選擇？她們已經成為過去。在滿是世俗罪惡的湍流中有著很多近似的磨練。沒有任何年輕的女性能對抗這種使愛變得暗淡無光的處境。所以我說如果妳能避免這種汙染，那就捍衛每一條道路，不管是為人間還是天堂，都不去冒那種會危及到妳的愛的聖潔的一絲絲的危險。

對於婚姻生活的各個方面有極高的尊敬和評價還不夠嗎？我知道這個問題除了和外表上的欺騙有關之外，還會和很多事情都有關係。但是我的回答是不夠，完全不夠。真

1 意指好壞連繫都有。

正的幸福一定要有真愛。或者妻子尊重丈夫，或者丈夫尊重妻子，這都是遠遠不夠的。他們必須得有十分突出的愛。沒有什麼缺少了這種愛的東西能夠滿足上帝的構思。這些事物內在的本質需要這種愛。在這個世界上沒有任何一個地方可以像家那樣有益於愛和愛的果實成長。那麼就不要讓這種純潔的漸漸增加的愛的標準淪落到簡單尊敬和尊重。

妳問我，愛的力量可以完全被人們理解嗎？

不，人們還不能。就像我們可能會說地理學和天文學中可能不會再有更多的知識讓人了解一樣。愛之中的資源是無窮無盡的，就像是愛的祝福一樣。誰曾講過關於愛的益處的故事呢？愛的力量就像是我們的造物主一樣是不可探究的。要完全的理解愛是不可能的，就像是要一滴一滴的抽乾大海裡的水一樣。出於這種本能的想法，我希望妳會這樣問我，年輕的女性應該用什麼樣的保護對策來捍衛她的愛呢？首先，她應該下定決心在各種危急情況下都要保衛它。這樣做的意圖就如同是水源對於一條大河而言那樣重要。讓年輕的女性了解她的愛，愛的價值和愛的力量，然後下定決心去守護它，學習為世間萬物祈禱的第一課。如果她自己受到別人真誠的祝福，那麼她也會想著去祝福其他人的。愛可以因工作和勤勉而養成，也可以因這世上的愚蠢的消遣而養成。有句格言是「懶惰是魔鬼的工廠」。而且年輕女性在如何利用時間和天資才能方面，由於沒有受到謹慎而有技巧地指導所面臨的危險，比任何事造成的危險都要多。毫無疑問仍會有些例外，但是這種例外是非常少見的。愛不是懶惰的，而是積極的。它會產生影響。在妳滿心歡喜的放下它的地方，它會昇華到有著高貴特徵的更高階段，或者墜落入自私和罪惡的道路上。如果年輕的女性不從事艱苦的工作以及各種家庭瑣事，她就有危險了。她可能會將家庭當成旅館，一個在她的愛追逐對這個世界的幻想時候方便歇腳的地方，這個歇腳的地方則會將她淹沒在懶惰和不幸的陷阱之中。接下來我要說，親愛的伊薩，有人會保護著妳遠離這種虛假的愛的危險，在家裡要有些事情做。讓每天中的一些時間都分配由關心和責任吧！這是日常生活中每個家庭裡的年輕女性都應該有的。這肯定會形成她的社交圈，標識出一條使她向最純淨的愛發展的生活之路，還要保護她不受虛假的愛的威脅。是的，再多一點，它就會指引向神聖純潔和天國最高的活動領域。

或許在完成這封信之前我應該說，母親經常要對她們的女兒由於虛假的愛而受到的汙染負很大的責任。母親們焦慮不安地讓女兒們進入社會，時常會鼓勵她們進入罪惡與危險的領域之中。最好是在家中教會她們勤勉和更高的目標，直到那扇通向娛樂和實用的大門為她們敞開。這種感情是可以被人熟識的，並且可以喚起一些準媽媽們做些明智的行為。是的，當我的筆停下的時候就是我為未來的年輕女性們祝福的時候。

愛妳的叔叔

第三封信——有益的範圍

我親愛的侄女：

我很高興妳說希望我專心的寫一封能提些建議幫助妳成為一個有用的人的信。這種願望是非常有價值非常重要的。是的，確實是這樣。甚至是耶穌「也承擔起了奴僕的責任。」對於一個很渴望知道要透過何種方式才能成為有用的人的女孩而言，這種心情是格外值得尊敬的。我希望我沒有機會告訴妳這是有例外的。天哪，這太真實了。是的，例外是無窮無盡的。有許多的年輕女性看起來除了娛樂和消遣之外似乎還不知道如何度過她們人生中最鼎盛的那段時間。這太糟糕了，並且是完全錯誤的。我們永久地祝福這個世界的力量在青少年時期與在中年和在老年時的祝福一樣有價值。我並不是說年輕人不應該有適當的娛樂和開心的時間，而是反對年輕的女性們帶著她們非凡的本領進入社會，像許多人做的那樣去播撒傷害她們自己和其他人的種子，我提起筆來表達我最誠摯的聲明。我指的是那些非常聰明而又非常有影響力的年輕女性朋友。她們是在這個世界建築歡樂和潮流的人。她們在人類需求的各個領域發揮了多麼大的作用啊！悲傷不幸之路正在大聲呼喊她們伸出援助之手。妳問我，「難道不是每個人都有一項特殊的使命嗎？」如果妳的意思是難道上帝沒有給每位年輕女性一些善事去做，那麼我的答案是肯定的。哪個人能為了相信每一個人生來就是毫無目的的就感覺不到神聖的生命的本能？不，這不是真的。每個人都有在特定的領域內產生的良好影響的天賦和能力。想想一位年輕的女性，由於她的到場，讚許了賽馬賭博，對酒會中的飲酒狂歡以及牌局的熱忱，經常會導致某些方面的毀滅，電影院總是十分混亂頹廢的。她這樣是在成為一個有用的人的範圍內嗎？這是，或者說這可能是一個單身年輕女性應有的使命嗎？想一想再回答這個問題吧！

接下來我只能說，然而天賦和情況可能有所不同，但是每位年輕的女性都能找到她的位置然後擔任起來。「別人能做我們的工作嗎？」這是一個很有說服力的問題。一個人當然不能去填補其他人的位置。就好像一位年輕的女性為了另一個人答應嫁給這個丈夫一樣。當妳還在學校學習的時候，妳不可能為另一個人學習歷史課或是拉丁語課。每一點收穫都會成為妳自己的。所以在生活中的每一方面，每一項職責都一定是妳自己的。沒有一個妙齡女子必須等待或是去尋找工作。在慈善事業中，病痛纏身的人，窮困潦倒的人，悲傷的人，失落的人，沮喪氣餒的人，身處困境的人以及迷失方向的人都曾伸出他們的手來尋求幫助和安慰。我堅信的是沒有哪一類人可以像年輕的女性那樣去服侍這樣的貧窮之人。擁有這種美好的，輕快活潑的情感，連同女人溫柔的天性以及愛心的溫順，她們可以用其他人做不到的方式撫慰，安慰祝福其他人。親愛的伊薩，妳所身處的世界正在大聲呼喊尋求妳的祝福。對於那些認為受到過教育能夠說出一些適當得體的話而且看來很聰明的，每日的工作僅是裝扮和展示自己的女孩們，該讓她們停下來聽一聽了。她會聽到一些男人、女人或是孩子憂鬱的聲音，他們叫喊著「幫幫我，餵我點東西吃，給我乾透的嘴唇一點喝的吧！為我遮擋下風雨吧！給我些衣服穿吧！教我些東西吧！或者跟我說些仁慈的話以慰我的哀傷吧！」如果妳掌握著拯救他們的能力，那麼對他們說「那是一個乞丐」或者說「他們不值得去幫助」或者說「別人會幫他們的」，這些話不會發揮什麼作用。妳是那個被使命召喚的人，上帝將這個使命交給了妳。我感到我真的不能將這種個人的職責強烈地壓在妳年輕的心上。

在一個女性的有用性之中什麼才是成功呢？這必須用不同的方式來衡量。在這個世界上所有的事情都不是做得十分完美。但是不管她的使命是什麼，做所有她能做的並且把力所能及的事情做到最好的，就至少一定是個成功的跡象。

在精神上女人能夠勝任職業的生活嗎？有一些可能並且應該會勝任。我會在另一封信中跟妳多探討這個問題。

年輕的女孩應該蔑視體力勞動嗎？永遠不要。這是每一個父親、母親以及兒女都應該了解知道的事實。如果她決定去了解這個事實，並且要去了解如何去做，即使是周圍環境不需要她這麼做，這樣做也是沒有任何傷害的。但是相反的一種想法會造成多大的痛苦呢。在窮一天富一天的日子裡，有多少年輕的女性被強迫解除她僕人的工作，然後到廚房去做她所厭惡而且是完全不了解的工作。母親養育她的女兒的方式絕對不應該是獲得允許旁觀吊籃裡無辜的微笑的小女孩的特權。我不在乎一個女人是否擁有百萬財產。總有一天她會用豪華的宅邸去交換小木屋。如果她沒這麼做，那就會成為她女兒的負擔。

妳最誠實的叔叔

第四封信——選擇丈夫

我親愛的侄女：

妳是在考慮要結婚，對嗎？好吧！這也不是什麼奇怪的事。這就好像妳是個年輕的女性一樣平常！的確是這樣。上帝創造婚姻的時候就應該是這樣。但是我必須跟妳說，親愛的伊薩，經過為數不多的幾年充滿不明智和不幸關係的痛苦淒涼的婚姻生活，在這封信中我會回答妳的問題，本質上就如同我長久以來建議年輕的女性們在選擇丈夫和家庭那樣。而且我必須告訴妳這種選擇是妳的而不是男人的。妳和其他的一些年輕的女性也許不同意這個觀點。但是請觀望一會再說。想一想，考慮考慮，妳就會明白了。「求婚，」花幾個晚上的時間用在求婚，騎自行車或是散步或者交換情書上，這都是正在進行的這個主題的非常小的一部分。

這將我引向了妳問的第一個問題，「我該怎樣選擇丈夫呢？」第一點，考慮一下妳將來要做什麼。首先要認知到婚姻的制度是神聖的。是上帝制定的婚姻制度。這不是一件人類才能所能及的事情，也不是為了人類消遣娛樂的盲目的吩咐。婚姻不僅僅是滿足男人的想法的一時興起，男人們的這種想法好比是簽訂合約去經營一家農場，建造一間房子或是去做貿易生意。婚姻也不是許多男孩女孩所認為的玩物。不，不！婚姻是上帝賜予我們的，當人們正確的看待婚姻並走進婚姻的殿堂時，婚姻就會因它的純潔和幸福而有著上帝般的榮耀。但是時至今日在我們的國家的日常生活中最令人感到悲傷的一個細節就是有那麼多人在人類放縱的粗心的罪惡中選擇婚姻。許多純潔的，可愛的，虔誠的，將自己的生命奉獻給神聖的教堂神壇的女孩，因為沒能理解婚姻的真正關係和目的而毀掉了自己的一生。可能她的母親比她本人更應該受到責備，但是在某個地方一定會有那可怕的譴責。那被忽視了的第一條原則，當然全都是錯誤的並且緊跟著就會帶來災難。而且在本應該成為幸福的家庭的荒蕪之地她在悔恨著，哭泣著度過她剛進入女子成年期的那幾年，這並不是什麼奇異的事。但是她的家庭就是她一直以來建造的。我堅信，是女性選擇了丈夫和家庭。男人好比是工具，而女人就是使用工具的人。他可能會成為一個有思想，有影響力，有實力的男人，但是當他向一位年輕的女性伸出他的手時，從那一時刻起，她就掌握了力量的天平。這是與這件事類似的。為了避免這些會貶低他的天性，習慣和生活的東西，像週日的騎行，打牌，飲酒和其他有不確定影響的聚會，電影院，撞球館，俱樂部之類的，錯誤的言語，不誠實的習慣和做法，總而言之是那些褻瀆神明的團體，如果她表明了立場，並且堅持這種立場，她至少在通往快樂幸福的道路上走了很長的一段路了。這條道路已經使許多家庭幾乎變成了人世間的天堂，現在已經準備好了讓她邁入讓她去走。接下來我得對妳說，身為一個年輕的女孩，不要在一開始就降低自己的標準。上帝設定了男人和女人應該結婚並且在彼此身上找到他們的幸福，而且這些都是發生在家庭之中，而不是在那徒勞無用的不能讓人滿足的世俗消遣中。此外，為了提升家庭內的幸福的標度，妳應該特別注意和上帝，還有和妳選擇的丈夫之間的神聖化的交流。遇到重大的事情以及在社交拜訪和商議事情時要去祈禱。如果上帝賜予了這種婚姻的制度和關係，他當然應該在這婚姻形成的時候得到勸告。

至此我想起了妳問我「嫁給一個無神論者但在其他方面值得尊敬的男人是否明智？」我猜想妳的意思是他是否希望過基督徒的生活。我必須說不。許多女人這麼做導致了他們的悲哀。他可能會像平民百姓一樣正直坦率，把他的家庭供養的很不錯。但是正確的社會和道德感情組成了真正的幸福。如果他對上帝以及上帝的話語表示懷疑，假裝和他在一起和睦相處並且很幸福，那只不過是對於痛苦的失敗的偽裝。

妳還問我，「如果一個男人在結婚之前不改掉壞習慣，還能期望他在結婚以後再改嗎？」對於幾個事例的觀察迫使我做出否定的回答。一些年輕的女性冒著危險咎由自取地這麼做了。無論在城市還是在鄉村，離婚，苦難，支離破碎的家庭，妻子，丈夫和孩子的恥辱和悲傷在是由女性們經由選擇所獲致的結果。如果年輕的女性不能在結婚之前改變她年輕的未來丈夫，那麼她在結婚之後就幾乎沒有希望能去改變。機會就雄赳赳地站在她的對面。這就是我們的女孩們應該學習的時代課程。無限重要的課程！那些已經學習了這些課程的人成為了幸福的妻子，善良的母親，以及社會的中流砥柱。年輕的女性是年輕男性的良師。她們可能還不知道這些，但是這仍然是真的。她們為自己編織了可以施加可以控制的影響。而且我相信當這種影響是錯誤的時候，它在使年輕男子士氣低落上比起其他的力量能發揮更大的作用。許多年輕的女性希望能走進電影院，能去跳舞，能去馬戲團看表演，能夠進行週日騎行活動。當然也希望男性們能夠支付門票和消費。他們中的大多數人薪水都很低。並且當年輕的女性們在這種消耗中率領他們前行時，他們就準備在撞球館和俱樂部打發掉沒有女孩們陪伴的閒暇時光。這揮霍掉了他們的金錢，攪亂了他們的習慣，並且也會時不時地導致他們為了更多的錢去從事非法行為。所以，他們中的許多人墮落了，經常以無家可歸，無親無故作為他們的結局，並且在最黑暗的黑夜，當其他人結婚的時候，在那些已經給出了更好的指示的教師的職責下，但是從這樣的一所學校畢業了之後，成立一個不幸的家庭，透過艱苦的努力獲得簡陋的生活方式。這不是一幅空想的縮略圖。社會發出了哀號。但是，我親愛的伊薩，快速掃視一下這幅畫的其他部分和更閃亮的部分。這是一種更加開心幸福的並且很有把握能達到的方式。這種方式就像是在春日清晨清新的空氣中散撒玫瑰花瓣和香水。就是這樣。讓一位年輕的女性下定決心去避免所有會汙染社會道德的事物，運用所有她所能用的所有的影響力都可能會得到提升並且對男人產生崇高的印象，她也會在適當的時間和地點找到她所追尋的，一個幸福的家庭。這是唯一一種安全的方式。

現在，我要透過回覆妳問的問題來結束這封信，「如果一個年輕的女性選擇的是錯誤的，她會做什麼？」我不可能告訴妳這個問題的答案。這個問題有非常多的女孩帶著對悲慘的家庭的嘆息問過我，這些女孩曾經是非常優秀非常可愛，但是現在卻有著破碎的傷透了的心。有一些人可能已經被欺騙了，但她們中的許多人是不應該落得如此下場的。她們即使用開闊的眼界也擅自地做出了錯誤的決定。不過，我能說的是，我總是在我的心底憐惜這樣的人，讓我對妳和其他的年輕女性們說，時刻注意，精明一些，小心謹慎。

關心妳的叔叔

第五封信——如何從道義上對待男人

親愛的侄女：

這封信開拓了一個片很大的天地，這是我能勝任的，我知道很多非常有價值的可以在這封信中說的事情。有很多興趣和益處成群地圍繞在婚姻生活的周圍，甚至是在最至關重要的位置上的提示幾乎都不能在單單的一封信中說清楚。

「男人會尋找典範嗎？」我不知道他是否會尋找典範，但是他將會成為典範的。典範必定都是和每個優秀的靈魂連繫在一起的，只是對於每位妻子而言讓丈夫和孩子認知到這件事需要一些時間。優秀的典範將會一生受人欽佩讚美，從現在到將來都是這樣；而一個悲哀的人則整天都會讓人感到痛惜。

「難道這不比選擇丈夫更重要嗎？」在某些方面可能是。這當然是極其重要的。誰又能說出反面教材的重要性和價值；為了一個偉大母親的神聖典範，什麼樣難以言表的感激之語會從丈夫和父親，兒子和女兒們的心中流淌出來？這其中的重要性，沒有誰能說出來，沒有哪枝筆能寫得出來。這就是當今世界的道德標準；並且它的控制影響力在於年輕母親的力量。如果不是從年輕的時候開始，很少有女性能夠建立應有的典範。

「難道道德的本質不會對友善的對待產生最親切的回應嗎？」

「有其父必有其子，」是人們廣為流傳的一句話，而我的理解是沒有什麼地方比這句話用在一對夫妻身上更準確的了。當然，就算是有著勇敢內心的本能和勇氣的男人，也不願看見他的妻子不斷地在聰明的定義上貶低自己。他想看見妻子帶著女人的尊嚴——堅定而又仁慈，屹立著；但是對於這他的內心又會用讚美和受益來回應。這通常是女人的力量的奧祕；而且在此之前他的丈夫的冷酷和冷漠本性將會變得柔軟，並不僅僅是馴化服從而是一種幸運。有這種觀念，許多女人都能在丈夫面前將自己安置在一個正確的位置上，和最刻骨銘心的情感之中。如果她對丈夫的愛少一點，她就會變得不堅定而且缺少慈愛。妳認為他會毫不尊重地旁觀這樣的妻子和她的行為嗎？不，他會讚美她像珠寶一樣美麗。但是妻子在言語和行動上採取相反的方式這也是有可能的。她易發脾氣不親切；而且當她認為自己是一個慈愛的妻子時也是這樣。她的行為舉止是奇怪的，而且影響是不幸的。我曾經聽說過藉口因為健康原因或是因為這就是她們的方式而原諒她們自己的嘗試。這不是辯解。如果一個女人想要一個充滿溫柔和感情的家庭，她就必須做辯解。她一定是這所學校的女主人。並且如果這樣的待遇都沒能說服丈夫和孩子用歡樂充滿她的內心，那麼就沒什麼能了。

讓我在此回答妳的問題：「難道這種苦難的起因不是吹毛求疵和漠不關心嗎？」這就是那副圖畫的另一面，而我的回答是他們是，他們怎麼可能不是呢。稍微改變一下手稿的表達方式，在這很清晰的可以看出不管女人播撒的是什麼種子，她都會有收穫的。

是的，「苦難；」它是更多的苦難的起因。沒有哪個男人能忍受來自妻子的謾罵。他可能會受到很多次的謾罵，但是，一個女人，而且身為妻子，她當然不是哪個支配這一切的人，除非徹底地用愛緩和了一下。上帝促使她去愛，而當她放逐她自己的時候，從另一個方面看她就像是一個試圖用受傷的肢體繼續前行的男人，像是用裸露的翅膀去飛行的小鳥。有些人可能會說她們是性情易怒的人。接下來讓他們把愛送到學校去學習控制管理的藝術。

關於妳問的問題還有一些其他十分重要的而我不能忽略的東西。「妻子應該和丈夫親密地交談關於宗教的問題嗎？」否定地回答這個問題會像為了品行道德上的指引把孩子送進一所無宗教信仰的學校一樣不明智。就在這裡犯下了致命的錯誤。有那麼多的人強迫他們自己相信這是一個他們不可能完成的任務。其實他們能夠完成。只是需要一些決心，就像在其他每一個重要的職責中那樣。妳以前注意到過撒旦的誘惑在最重要的地方都是極其隱蔽的嗎？這就是其中的一個誘惑。妻子應該從這些宗教的問題當中將她的丈夫拉出來，不是當成一件滑稽的或是意外的事，而是有著極其誠摯的關心的。真的，如果他是一個無信仰者，這可能就是令人討厭的了。不過，如果把這件事做得明智，果斷，聰明，這是一種很好的說服他的方式。但是，如果他是一個基督徒，這就可能而且應該會成為一種經常性的嗜好；而且我還不知道有什麼別的能夠更加安慰祝福男人。讓我再補充一點，就許多妻子而言還是缺少對她們丈夫的祈禱。我不知道還有什麼別的會像妻子口頭上為丈夫祈禱這樣能在丈夫身上產生如此好的影響。

我很高興妳問我關於讀書的問題：「女人應該刻意讓家裡只有純粹的文學作品嗎？」多麼至關重要的問題啊！觸及到了家庭中每個成員的品行道德。好書之於思想就如同是身體的優質食糧一樣。思想會變得很活躍，並且必須用養料來供給；養成讀書的良好習慣是極其重要的。人們應該總是為了益處而挑選出要閱讀的書的種類。僅僅為了興趣而讀書是不夠的，讀書也應該是為了受益。誰不知道因為讀了有害的著作而把那麼多的孩子毀了，多少孩子和家庭在讀書這件事上被人細心的祝福著。

在以後的幾封信中我還會和妳再多說些關於女性讀書的事。

妳誠心誠意的叔叔

第六封信——生活的思想

親愛的侄女：

一位男性不久前對我說過：「年輕的男性幾乎不能找到可能和他一起度過美好的夜晚並且得益於其充滿智慧的交談和影響的年輕女性了。女孩們總是在談論小鎮上的緋聞，像誰剛剛結婚了，聚會，娛樂消遣以及對於生活的奇特幻想。」他是一個二十二歲，從州立大學畢業，剛剛步入職場的，聰明上進的，幽默而又極具社交才能的人，而且還是一位對人事物有著細微觀察的基督徒，一個很明顯是為了要在這世界上留下美好印記而開始生活的人。在他的周圍不可避免地會見到這樣的女孩。他應該上哪去尋找這樣一位可以說出理智的話語而且可以露出鼓舞人心的微笑的女孩來填補這空缺的席位呢。

當然，在我說有足夠多這樣的女孩而且她們中的許多人都有著受到了最好的教育的優點時妳是贊同我的。在她們身上花的錢已經夠多的了，而且她們待在學校的時候也夠長了，能夠了解一些事情並且最大化的運用相關知識。我一點都沒有想到妳會說：「親愛的叔叔，他應該還沒有做出那些評價。」不，對於像妳一樣的年輕人而言，妳們非常清楚每一種社會階級地位都已經給出了太多的理由了。在我結束這封信前我會給出造成這種令人感到悲哀的局面的幾個原因。但是讓我們來稍微探討一下年輕女性的才能吧！年輕女性漫無目的地活著而對生活沒有的正確看法，或者說對她而言缺乏這種正確的看法，這都是完全沒有必要的。我不認為上帝曾經在女孩不能忍受的生活中賦予了她一種責任，而且在忍受這種生活的時候變得有用而且幸福快樂。真的，天賦可能會有些不同，有些人可能是意志薄弱的，但是造物主不需要我們去做力有未逮的事情。事實是，有那麼多的人不願意做那些力所能及的事情去祝福他們自己和其他人，但是他們曾經加入治療他們傷痛的計畫之中，並且阻止計畫的形成和他們教育的對象。我不願承認她們是那脆弱的花瓶。我從來沒有這樣做過也從來沒期待過。我不認為這是真的。她們可以是溫柔的，慈愛的，甚至是羞怯，但是這卻增強了她們的力量而不是減弱她們的能力。女人的影響是非常強大的，並且如果她願意，她會把這個社會塑造到怎樣的高度和強度。

現在回答妳問的問題：「你會列舉出哪些生活觀念是使女人變得幸福和有用的必要條件？」

1．完善思考並盡最大的關心去解決妳身為女人的價值的問題。仔細研究一下妳與其他女性，妳與這個世界的關係。

2．在妳的生活剛剛起步之時，就要下定決心，財富是不可能奠定妳性格的基礎的，不管妳是否擁有財富。妳不僅僅可以擁有純潔的性格，而且還具有明確的道德和才智上的意義。那麼多的女孩都在想她們的財富金錢是否足夠多了，要是按照這種錯誤的想法，生活就將變成一片空白。

3．如果妳擁有大量的財富，就把它奉獻給最善良的目的吧！

4．盡可能的培養大公無私的品行。

5．女性在剛步入成年的那幾年要下定決心去找出所能找到的各種祝福別人的途徑，然後沿續下去。

6．只要活著，就要盡妳所能的使這個世界變得美麗。

7．要避免這樣一種觀點，在妳年輕的時候，因為妳可能有些娛樂活動和愚蠢的行為，就認為妳不能成為一個有用的人。如果一個年輕人在世俗的歡樂方面比年長的人有獲得更多幸福的能力，那麼她在獲得益處方面上也會比年長的人更有能力。「幾乎沒有什麼被融入到年輕女性的教育上的優勢之中，以至於不能賦予他一些切實可行的生活觀點，難道這不是莫大的罪過嗎？」

這是不可能有疑問的。關於這個問題可以再寫一本書。利用大量書籍和透過腦力勞動使女性足以應付生活中的各種事物，這種意圖是有著極大的缺陷的，我們永遠也無法達到所應該達到的健康和力量的目標，除非女孩們能夠獲得物質上的學問還有精神上的幫助。最大的危害的就是洗衣，洗碗，整理房間，擦窗戶，洗地板，烘焙麵包，烤肉，以及家庭中的最難做的那幾種家事沒有深入到她的教育思想當中。然而帶著金戒指的潔白手指，蒼白的臉色，細長的表單牢牢地裝飾著花邊，還有受過訓練去思考大量的書本教導的聰明的頭腦，這些組成了教育。人類生命的創造多麼滑稽可笑啊！沒有身體的靈魂。首先，做家事應該是光榮的，值得尊敬的，按照這樣的觀點，不管是否擁有財富，我們的女孩都應該認為做家事是一種樂趣，一種特殊權利而且還是一種走進廚房的職責而且她們應該用各種可能的方式從事家庭中的各項職責，並且我相信不少的母親誤解了她們自己，因為各式各樣的原因對許多女孩產生了實實在在的影響，換句話說，母親沒有教育她們去做家事。我不會讓女性成為男性的苦工，或是女性在結婚之後成為了奴隸。而是要讓她們受到良好的教育，然後拿著適宜的書籍，鋼琴，鋼筆，掃帚，燒烤用的鐵格架子還有縫衣針來擔任現實生活中的每個職位，而且無論何時何地只要提供了機會，就去擔任這樣的職位吧！

摯愛的

妳的叔叔

第七封信——閱讀聖經

我親愛的侄女：

妳問過我一些關於這個非常關鍵的主題的重要問題，那就是閱讀聖經。大批年輕女性的命運已經由於閱讀了或者忽略了這書中的書而封閉起來。我非常清楚這本書已經受到各個年齡層的無宗教信仰者攻擊，並且很多人說過或者寫下了很多反對這本書的話。不論如何，它還是屹立不倒。而且持續對取得黑暗和光明聖戰的勝利直至時間的盡頭。這一點我非常堅信，而且我有相信的權力。有理有據，而且還有迫使我相信聖經的壓倒性證據。親愛的伊薩，我把這種信仰遞交給妳，如果妳接受了這種信仰，我接下來就會給妳講些妳渴望知道的事情。我該怎樣閱讀聖經呢？不管妳是否理解了聖經的全部，為了能夠受益或者得到些樂趣，要本著相信聖經中每一個字詞的深遠的目的。妳在許多其他的事情中都這麼做過，那些事的真實情況和本質妳並不理解。為什麼不相信聖經？當妳讀一些關於花卉，植物，數學定理，天文學，地理學和生理學的書籍時，妳可能會沿著每一個方向就走這麼遠一點距離，而且不能再遠了。它就被遺留在玄妙之中了。但是妳相信聖經的話，為了一些長久的並且是有形的目的妳就會獲得一些樂趣和益處。所以在合理的背景和條件下，當妳接受並且閱讀了聖經，聖經會給人的靈魂帶來多麼神聖的歡樂，在信仰面前，聖經會將妳來世的光輝提升到何等程度。接下來，我要說，只要妳讀了聖經就要相信它，因為那是上帝的話語。它會使妳的靈魂得到享受並且會以其他書籍所不能的方式祝福妳。

關於妳渴望知道「什麼樣的幫助對於在神賜的真理中建立這種思想最有益處？」我的回答是：首先，虔誠地閱讀聖經。換句話說，就是讓上帝將他的精神賦予給妳並且照亮妳的內心來接受他的教義去祝福妳自己和其他人。還有一些關於聖經的注釋書籍和文本書籍，採用話題性的方法，這些書也是有些好處和幫助的。但是我知道沒有什麼會像閱讀和比較聖經經文那樣可以起到有益的幫助。而且我會將這個當成每日計畫推薦給每一位年輕的女孩。

但是我對於妳的詢問十分感興趣，「什麼樣的動機會鼓勵我去讀聖經呢？」行動的動機和過程是每個人的生活中都必不可少的。並且在這件事中這種動機應該是純潔而且堅定的。獲得益處以及施與善行應該像一個不變的準則一樣永遠駐留於所有那些學習神聖的話語的人的內心之中。喬治・慕勒[2]先生，一位歐洲偉大的慈善家，說：「我閱讀聖經的目的，最主要的便是為了給我的靈魂一些滋養。」這是對的。對於一個曾經帶著猜疑的態度並且本著將釋義分配給其他人的觀點去閱讀聖經的人而言，這就像是一個人總是在為其他人去吃一日三餐一樣。當妳或者其他年輕的女性朋友受到啟迪陶冶，勉勵以及對閱讀聖經產生了興趣時，妳就準備好了去向其他人散播同樣的光芒和知識。但是，首先，在妳自己的家庭中就要有傳講聖經的動機。

「我能認為閱讀聖經會在年輕女性的思想中產生懷疑論嗎？」如果妳是出於正直善良的目的去讀聖經，就不會產生這樣的懷疑論。聖經的神聖性，聖經的宗旨以聖經的成就的內在特徵都是無法抗拒的。它們就像是歷朝歷代一直屹立在那洶湧澎湃的懷疑波濤中的石柱一樣。沒有哪位年輕的女性在真誠的閱讀聖經的時候，會因為奇人奇事以及各式各樣的釋義，而將聖經讀得那麼動聽，有力的同時還帶有一絲疑惑。如果她想要扭轉這種局面並且將聖經中的內容變成適合於滿足世俗內心的愛好的奇特方法，並且為人類

2　喬治・慕勒（George Muller，西元 1805～1898 年）19 世紀英國基督教弟兄會的教會領袖之一，在布里斯托開辦孤兒院，一生照顧的孤兒總數超過 1 萬人。他出生在德國普魯士，少年是曾經是一個慣偷、騙子和賭徒，信基督悔改後成為世界著名的牧師和慈善家，被稱為教會歷史上的偉人。

決定的要求而辯解，這都是可能的。但是我們的上帝不是欺騙者，他擁有改變一切的能力這個事實也不是。那我們更進一步說，妳希望得到我的建議。如果忽視了聖經，一個年輕女性基督徒能在精神上得到成長嗎？不，她不能。而且對她而言這是要學習的最重要的東西。當然有非常多的年輕女性從來沒有過宗教事件的經歷，而且，在這樣的心理狀態下，也不可能理解這個問題的重要性。對於有宗教信仰的年輕女性而言，這也是至關重要的並且是遠遠沒達到盡頭。把妳自己看成一個實例。妳很年輕而且積極向上。妳已經展現了在靈魂深處的虔誠。在感情，知識，思想的廣闊以及影響之中，妳擁有著施與偉大的善行和幸福的能力。妳的內心就好似有著肥沃土壤的巨大農場一樣，剛剛刨開的卻尚未耕作的土地。這片農場上未曾有過任何收穫。現在，假設妳試圖耕作並且接收了上帝話語的種子，它的告誡和鼓勵，它的高興愉悅，愛，優雅和活力，它的隱喻，它的奇人異事和釋義，它的光芒和希望，以及事實真相的精華，它曾經如此慷慨地祝福歲月，現在和未來幾年，妳認為哪些會影響自己、受妳影響的人以及型塑永恆的靈魂？一件偉大的事情必須有令人滿意的結果，完美的收穫。如果妳沒有做這些會怎樣？精神上的死亡，道德上力量的扼殺，還有靈魂受到傷害。這些結果都是不可避免且讓人感到悲傷的。就像肉，蔬菜，麵包以及水果對於身體而言是食物一樣，上帝的話語對於靈魂而言就是一頓美味盛宴。真誠而永久的學習聖經將會產生對聖經的渴望，並且沒有其他文學作品可能在不出任何差錯的情況下得到允許去代替聖經地位。

忠於事實，妳的叔叔

第八封信——祈禱的思想

親愛的侄女：

我非常高興地開始了這封信的書寫。妳知道這是因為什麼。我熱愛祈禱。祈禱的力量和益處是數不勝數的。祈禱的神祕玄妙之處是非常多的。但是因為我無法理解祈禱的玄妙之處就要拒絕接受祈禱的祝福嗎？這就像因為我不知道蘋果或梨的萌芽發育和生長，妳就不讓我吃蘋果或梨一樣。沒有哪個可以吸引年輕女性注意力的問題會比這個更加重要。而且沒有哪個問題的本質，功用還有益處讓人理解得這麼少。如果說小孩向母親要一塊麵包是虛幻且不切實際的，那麼向上帝祈禱也絕非更加虛幻且不切實際的事情。事實就是如此。但是之後妳又問為什麼我們不能總是得到我們所想要的東西呢？為什麼孩子在要麵包吃的時候並不是總能得到麵包呢？告訴我。父母知道在孩子希望的那個時間和用他希望的那種方式去回答並不總是最好的。

「告訴我祈禱的目的。」將祈禱做到最詳盡的程度即使是永久的時間都不夠長。但是我在接下來的幾行文字中告訴妳幾點經驗和益處。祈禱將靈魂帶給上帝，並且對於內心有令人驚嘆的反射影響。它產生了巨大的力量，讓人為生存或是死亡做好準備。無宗教信仰者從來沒能反駁或是抵抗這些都是不爭的事實。為什麼不管在哪只要有人一進行祈禱，就會有一種神聖的敬畏就會在其周圍冉冉升起呢？這是一個無法辯答的問題，然而確實一個嚴峻的事實。而且在我的思想中不可能有任何疑問，除了上帝把它設計成為一條人類可以藉此返回到造物主身邊的林蔭大道。這還是一條壯麗輝煌的大道。

許多年輕女性的性格和生活經過無聲的（默禱）以及有聲的（口禱）祈禱已經開始閃耀著道德的光輝。不再有任何年輕女性因擁有這種力量而感到悲傷。在內心暗自祈禱的價值是數不清的。一位偉人曾經說過，「如果我們能在天國進行收割，我們就必須在密室中進行耕作。」當我說任何一個女人在家中暗自進行祈禱是一種強大的力量時，我不僅僅是自由的，而且是真摯的。她不可能不在自己的心上，丈夫的心上，孩子的心上，朋友的心上。而且這些是許多女孩所犯下最嚴重的錯誤。就此讓我敦促妳領悟一個要點吧！也許比其他所有的都要重要。那就是，當一個妙齡少女結了婚，她應該開始認真生活，在和她的丈夫一起做禮拜之時進行默禱。事實上，在結婚之前這就應該開始，而且接下來與「橄欖枝」一起繼續下去，上帝將會和孩子們一起祝福她們。在地球上是不可能會有像這樣的力量的。幾乎沒有任何女人未曾聽過丈夫祈禱的聲音，身為丈夫也會希望聽到他深愛的妻子甜美的聲音，在此大量的年輕妻子們（就此而言，年老的妻子也一樣）犯下了一個錯誤。我已經敏銳地感覺到這一點很多年了，因為我已經拜訪過很多不同的家庭了。我非常了解對於我所主張的事情的祈福，並且我已經被領著來哀悼那些散布在許多男性人生軌跡上的疏忽。年輕的女性應該鍛鍊她在家中進行祈禱時的力量，這是有必要的，而且，用有聲的方式，準備在更加公開的地方以及在生活中的一些緊急事件中進行祈禱，像病房或是其他的一些地方，也是有必要的。

由我們這片大陸上各處的年輕女性使祈禱變得充滿樂趣這種思想在這方面是悲哀的錯誤的。他們擁有交談，唱歌的能力，透過演說去統率任何領域的能力，不管是個人的還是公共的。為什麼在祈禱祝福這個世界的時候不使用相同的話語表達方式，音調或是內心的情感？在祈禱時女性的聲音就是一種力量。這就是她在語言和行動上的本性，在這方面她的力量和影響要領先男人很多。為什麼不是在祈禱中？這是一個惡魔撒旦被賦予了過多的支配能力而犯的錯誤。親愛的伊薩，如果在我們這片國土上的年輕女性們都習慣了帶著祈禱的目的而開始社會上的宗教信仰集會那將會是什麼樣？不會有更多的男性被吸引到祈禱和祝福的地方嗎？他們不會被拯救嗎？還有，甜蜜的安慰和歡樂不會在更加成熟的年歲來到年紀稍長之人的內心嗎？我們知道父母要是看見他們的女兒在青春期由於行為表現良好而感到有多麼的開心快樂。為什麼不允許他們的聲音可以在家庭祭壇的周圍和社會上的教會團體中聽到，來鼓勵他們去振奮他們父母的內心，聖父聖母的內心？我親愛的伊薩，大多數年輕女性當前所認為的祈禱的思想是為了能夠讓他們去祝福他們自己，他們的朋友還有尊敬的上帝，我希望是可以改變的。

妳真誠的叔叔

第九封信——音樂

我親愛的侄女：

沒有哪位女性在她開始通曉音樂知識之前能夠像她應該的那樣精通祝福這個世界。這應該是在她的教育之中的一個重要的方面。有些人爭論道她們對於音樂沒有天賦或者沒有品味，而其他一些人認為他們不能承受這項開銷，並且有更多人沒能精通音樂是由於他們缺乏毅力。這幾個原因哪一個都不是什麼好理由。透過努力她們的天賦和品味可以得到很大程度的提升。而且現在音樂教育的靈活便利性即使是在最貧窮的地方也是觸手可及的。

家庭，教會，社交場合，還有每一個社會團體都需要年輕女性在音樂方面一展長才。人類和動物的天性往往期盼著音樂的祈福。這就是上帝在神聖的話語中做出的比任何其他的禮拜活動更加顯著的讚賞的力量和重要性。

妳問我，「告訴你一些音樂主要的價值？」我的孩子，妳能設想一下如果沒有音樂這個世界會變成一個什麼樣的墳墓嗎？那將會是多麼黑暗和陰鬱啊！那確實是讓人感到悲哀的！但是音樂用歡樂在它所有的音階，音調以及力度上點亮了整個世界。躺在吊籃中的嬰兒，街邊和學校的孩子，以及家中的父母都可以感受音樂那鼓舞人心的觸動。在祝福以及拯救世人方面教會得到了音樂的幫助。如果沒有音樂這是不可能行得通的。病房經常是被音樂從一個悲傷痛苦的地方變換成歡樂之地，從惋惜悲哀的地方變成和平的樂土。

老年人經常會得到撫慰，並且會被這種強大的影響力鼓舞。透過音樂推動了主日學校這項事業的發展並且對這個世界產生了持續的益處。而且自然界，連同人類和野獸，岩石和溪流，河水與海洋，還有樹，還有高山，都迴響著讚賞的高音。真的，要想說出在什麼方面，在什麼地方或者在什麼情況下音樂是沒有價值的這是非常困難的。而且按照這種觀點讓我而言一些與妳問的問題的有關的事情吧！「當年輕的女性結婚了之後她應該擺脫音樂了嗎？」我必須說她不應該擺脫音樂。如果說她曾幾何時必須對音樂給予關注，那就是在婚姻生活中了。如果掌握了音樂的特性，她在戀愛階段就會擁有音樂，當然，在婚禮上音樂也是引人期望的，並且沒有音樂的家庭也必定是不完整的。我知道，不少的年輕女性在成為妻子，家庭主婦和母親時，她們就認為自己沒有留給音樂的時間了，除了要唱給嬰兒的歌，

「輕輕搖動樹枝上的小寶貝，
當風吹來的時候，搖籃輕輕地搖，」[3]

她應該為音樂留出些時間。沒有什麼能比音樂能更加使丈夫高興，能給家庭帶來更多的祝福。妳會發現關心，努力以及犧牲都會有益於將音樂在家庭之中保留下來。而且，親愛的伊薩，因為我認為妳很幸福的，所以當我在家庭中談論到音樂的時候，我特別想要引用一件事。如果上帝要是給了妳一個有宗教信仰的家庭（而且我希望如果妳有一個家庭，妳的家庭就是這種宗教家庭），我主張妳在做家庭禮拜的時候要一直唱聖歌。沒有音樂在我看來家庭也總是不完整的。在家中做禮拜可以說是在教堂做禮拜的一部分。我經常會拜訪一些家庭，在這些家庭會圍繞在聖壇的周圍和孩子們一起做禮拜，不過沒有音樂。這是多麼的蒼白無力呀。應該有人教孩子們在家庭的聖壇前唱聖歌，和在主日學校差不多。而在沒有孩子的家庭，對於夫妻之間以及親朋好友之間而言還有什麼能比在一起唱歌和祈禱更親切呢？音樂可以將他們昇華到最聖潔的愛之中天上神

3 〈*Rock a bye, Baby*〉英文兒歌，中文名譯為「寶貝乖乖睡」或「寶貝，搖啊搖」。是柴可夫斯基第一鋼琴協奏曲第二樂章，貝多芬第八交響曲第二樂章與童謠的結合。

的寶座上。

但是妳問過我「在家庭中神聖的歌曲應該在多大程度上得到使用呢？」在很大程度上（盡可能多的使用）。至少要足可以使這樣有益的而且神聖的表達方式得以進行。自然，文化以及許多家庭周圍的環境似乎都需要音樂藝術。但是嘗試著用神聖的音樂去完全滿足一個家庭，就像試著去建造一個沒有神威的天堂一樣。在每個需要音樂並且對聖歌神聖化的召喚輕輕地應答的內心，都會有些東西在其道德的本質上。不管這是否被感受者所公認這都是真的。而且沒什麼有地方可以容得下像這樣的家庭了。接下來我要說，把音樂賦予給心靈就像是把音樂送進汽車中一樣。而且當我在家庭中有了可以當成工具使用的藝術性音樂的時候，我將會得到大量的聖歌；而且從這將會有一連串的數不清的影響流淌出去以安慰祝福這個世界。除了這個我想說在臨近死亡的時候沒有誰能說出，或者沒有哪支畫筆能夠描繪出聖歌的力量。為什麼沒有呢？上帝創造了人類，並且一起創造了這兩個世界的自然界。這樣的生命之中的掙扎，痛苦和衝突已經讓人的心靈為了得到釋放而去嘆息。就是在這！音樂可以讓人的靈魂陶醉，並且將它引領至難以形容的光輝領域。天使們在等待著被救贖的天使的到來，然後一起加入到天國的天使們中去；然而不斷變遷的歌曲對於環繞在剛剛獲得的天賦周圍的無法表達的歡樂而言不過是迷惑靈魂的序曲。

妳在聖歌的祝福中的叔叔

A.P.G.

第十封信——女性的準則

親愛的侄女：

我完全明白真正女性的理想就像是社會團體，家庭或是個人那樣各有各的不同。但是不會再有比妳或是其他年輕女性能進行思考或是從事的問題更重要的了。考慮到世界上各處的女人的性格以及身分，偉大的造物主還沒有將我們留在黑暗之中。上帝已經制定出了一個準則，並且已經告訴女人她們是如何創造出來的，為什麼要去創造她們，而且展現了那段可以顯示出她在男人中的地位的國家歷史和歲月。至於社會的觀點，關於女性是什麼，女性又應該成為什麼樣的觀點，妳不需要被其他人盲目的引領向前。

當我回答妳的問題「什麼是準則？」的時候，我既不會毫無節制的長篇大論也不會超出這個話題的討論範圍。當我們和一些人在一起的時候，準則就是我們所希望的，人類所能及的每一件事，而和另外一些人在一起時，標準就是除了應該成為準則之外的任何一件事。在前幾封信中我已盡力在妳面前按照上帝創造女人時的樣子，歸納女人的性格和權利。親愛的伊薩，對於每一個女人而言將那種準則降低到能達成的位置之下，妳認為這是明智的或正確的嗎？我想妳已經認同了我在以前幾封信中的觀點和看法。現在我強調一下這個問題，把標準降低到傷害男人或是她自己的程度來滿足人類的某些吩咐，這是明智的嗎，這是正確的嗎？好吧！如果一個女人在年輕的時候沒有用某種方式或是按照某種影響的方式，開始將她的生活以及女性的標準制定成為它所應該成為的樣子，她可能會落後嗎？「樹枝是彎曲的，樹就是傾斜的」在生活的不同方面這也是正確的。讓我們看看。按照這個標準。有一個年輕的女孩依靠著某些勢力，帶著成為女人，帶著在上流社會受到歡迎和尊敬的想法，開始了她的人生旅途，由於對某些行為舉止的一知半解或是善良和藹的天賦，她必須有樸素純潔優雅的言談，舉止也要依循主流中最端正的禮節與品行規則，培養對於財富和世俗的熱愛，獨自一個人融入潮流和社交圈之中。這就是她的準則。這是正確的嗎？當然有些人會去衡量它然後說，「是正確的」但是這是上帝創造她的目的嗎？想一想，這是男人的夥伴。這對男人有幫助嗎？讓逝去的歷史來回答吧！有多少男人會因這樣的過程而悲哀地退化墮落。它既不是正確的，最好的，也不是明智的。沒有哪個人擁有為人生設定準則的權利，那樣會顛倒女性生存的意義。現在我不能說在以上提到的特質中沒有好的。只不過他們身陷囹圄。目標是錯誤的，因此所要到達的終點也必然是錯誤的。按照另一套標準。年輕的女性至少已經構思了並且考慮了她為人的意義。她帶著這樣一個目的開始人生旅途。世俗社會的觀念在她的思想中並不是最突出的。她所提出的準則是一座力量寶塔。沒有男人會因它的影響力而士氣低落。它已經用處在長時期的動機，行動以及結果中的聖潔和美好的平衡點權衡過了。受過教育的思想，神聖的心靈，無論是善人還是惡人都推薦的行為，充滿和平的道德良知，一種持續的和平，因人類的祝福和上帝的認同而純潔的和平，總而言之，是一種從未傷害過他人反而總是成為幸福的泉源的影響力。女人們具有提出這種準則的能力，而且提出這種準則既是她們的職責又是她們的特權。在談論這個話題的時候，我不會剝奪她任何在這個世界上的影響和樂趣，這是我們的主讓她一直探索，尋找以及享受的。但是她應該充分地利用這個世界而不是濫用。她應該嘗試著來使這個世界變得美麗，有用而且成為幸福之地。如果不是女人自己提出的這個準則，那麼誰還能提呢？真的，女人「收穫果實」並且在塵埃中朝著上帝的承諾的旗幟慢慢爬行。她必須永遠都把準則留在那裡，而男人也必須被不光彩的沉重負擔所粉碎嗎？善行的施與者一直都對改造，恢復以及在建立這個準則敞開著寬闊的大門。上帝邀請女人走到前面來然後把她的手放到他的愛的旗杆上，把和平的旗幟甩到微風中去，並且透過這樣的情感，祈禱以及用她所能付出的愛去戰勝男人，回歸到原始的歡樂之中。

摯愛地，妳的叔叔

第十一封信——女性的權利

我親愛的侄女：

我知道這個世界正連同被激烈討論的「女性權利」的問題一起動盪搖晃著。為什麼是這樣，我不明白。當然女人現在擁有了比她可能擁有的或是成功得到的更多的權利。真的，許多女性都在認真地，誠心誠意且非常順利地用令人稱羨的幸福將人生的戰爭推自己的身上，將恩惠推向了全世界。然而有很多人十分明顯的是在毫無目的或是沒有意義明確的目的下生活著。其中的一些女人建立並勾勒出了女性權利中某些不切實際的場景，像在民意選舉中投票，透過酒吧裡的辯論方式走進政治生活的舞臺，被任命為真理大臣，坐在審判臺上，而且領會了自由戀愛主義及類似的感情並使之永存不朽。我親愛的侄女，現在我想在這封信中跟妳說一些事，這些事可以讓妳親自參與到上帝所賦予妳的各項權利當中去，並且以相同的方式引領其他的年輕女性們。那麼多女人愚蠢地把她們生命中的大部分時間花為其他人制定行動方案上，不過從未看出這對他們自己有什麼正面意義，這是件多麼的令人遺憾的事啊！接下來，我親愛的伊薩，透過思想，行為和勸告這個最佳的判斷標準找出上帝創造妳是要妳做什麼，而後一併同行並且一直奉行到人生旅途的盡頭，妳會發現旅途是非常短的。如果是在家庭之中，它就會在家庭內部發揮作用，如果是在真理的公開宣告之中那就照著做吧！如果妳迫不得已要去進行關於改革的演講，就按照那樣做吧！可能在妳的內心會有對可以教育和拯救妳的姐妹們的外部風氣的呼喚；接著妳就能走進這條充滿歡樂和益處的大道。所以我可能會無限期地繼續指出適合女性的路線。但是在這我要先解釋一下以免被別人誤解了。我不會將一些稻草放置在女性前去擔任上帝為她們設定的職位的道路上。我不是要阻礙她們，而是幫助她們。但是當有人要我認同一些不合理的觀點以及罪惡十足的計畫，像一夫多妻制這樣的罪惡時，我會停下來並且開始盡我所能的去抗爭。當我被問到，女人應該在選票箱前投票嗎，我會說不應該。按照這個觀點人們所探求的對策可能永遠也不會被理解。現在，善良的男人與醜惡的男人在投票箱前針鋒相對。換成女人也是如此。而且我非常懷疑使用這種方法對邪惡進行的補救是否會發揮作用。除此之外，它還會使女性暴露於卑劣群叢之中，那是個女人永遠都不該去的地方，而且那是個善良的女人都不會答應去的地方，除非是當更加粗糙的，粗略的以及放蕩的地方都消失了，在道德慰藉的差使下，她們才會去，還有她們惡意的投票會使事情變得比現在還要糟糕。至於女性宣揚教義，如果她能順利執行，我會盡可能在各方面都給予鼓勵，但是絕對不會藉由抬起她們的手來規定她們，因為聖經中沒有這樣的例子。但是女性確實是在宣揚復活的救世主，而且和教義中的使徒一起到處奔波。我被問到，我應該擁有一個坐在審判臺上的或是在陪審團中的女人嗎？不。看見一個懷抱著嬰兒的母親坐在審判臺上是多麼有趣啊！而且整晚都留在陪審團中斷定一個案子，這對於一個妻子而言是多麼的愉快啊！而此時她的丈夫正在家中試著把哭鬧的孩子安靜下來。確實很親切。很少有人能發現女性在酒吧辯論中的天賦，並且如果她能在辯論的同時還完全在乎她的家庭那就讓她去做吧！在這條道路上她可以行善積德，為她的伴侶服務，為受人尊敬的上帝服務。但是女人的權利是蘊藏在她的家庭之中的，從開始就一直是這樣。沒有什麼事物會被允許在這裡干擾阻礙她的職責，特權以及歡樂。但是就像妳問過我的，關於自由戀愛主義我必須說些什麼。

「為什麼自由戀愛主義和女性權利這個話題連繫得這麼緊密？」讓我來告訴妳吧！因為一些女人在為成千上萬的女性宣揚自由權利，不管在什麼事上這都是言之有理的。同時也宣揚了透過她們自己的僅有的認可，當事人可以根據她們在觀念上的選擇結婚，並且如果她們願意，在樂趣方面也是可以分離的。如果置於神學的制度之上考慮這是多麼可笑而又令人討厭的滑稽戲啊！它很快會讓男人退化到充滿獸性和殘忍。在這裡婚姻的聖潔和上帝賜予的歡樂都開始變得暗淡無光，而且那些走進婚姻的人遲早會陷入暴虐和永久的沮喪之中。為了反對在我們這個時代盛行的自由戀愛主義的感情，每位年輕的女性都應該使她們的面容像堅硬的岩石一樣堅定。她絕對不應該答應去聆聽來自那些宣導自由戀愛主義的男人或女人的演講。在允許播種的時候，薊和麥仙翁這類雜草的種子就可以植根於肥沃的土壤中[4]。所以，有那麼多純潔的充滿信任的女孩一直在聆聽著對於她的悲傷和悲哀而言完全是失敗的教導。自從魔鬼引誘了夏娃，魔鬼就一直在忙於毀滅女性。而且這在自由戀愛的人和自由思想者的荒唐之事中也是很明顯的。荒淫，罪惡以及死亡都在這個聖餐杯之中。

我親愛的侄女，回答妳的問題「女人沒有保持單身以及期望在男人之中獲得尊敬的權利嗎？」是有點敏感的。毫無疑問確實是這樣。但是盛行的社會潮流和選擇使得看待這樣的問題變得很敏感。因為有些女孩是被人們所稱的「老處女」，她們被視為幾乎是脫離了這個社會。不應該是這樣的。她們應該受到最崇高的敬意。沒有機會結婚並且被快樂幸福的家庭所圍繞的人是幾乎沒有的。不同的動機和環境已經阻礙這些人了。缺少

4　意指惡劣的影響已經散播開來。

愛，羞恥的事情，不忠誠，死亡或是其他一些起因，我們所不知道的，可能已經破壞了她們的心靈很多年了。那些未婚的和已經結婚的女性一樣，不管是年輕的還是年長的，應該已經對於在她所有天賜的親戚，環境和命運中存在的愛和敬意有了非常深刻的考慮。

妳極其尊敬女性的叔叔

A.P.G

第十二封信——美好的家庭

我親愛的侄女：

「妳問我美好幸福的家庭有什麼特徵？」一個忠誠慈愛的妻子，一個溫柔體貼的丈夫是既重要又突出而且還很實際的特徵。對於他們而言第一件需要他們去接受，經歷並且深深地珍愛的事情就是宗教信仰。我說這個是出於婚姻關係中「神賜的制度」的本質。如果沒有這種神賜的制度，沒有哪對夫婦會像他們應該的那樣幸福、美滿，並且尊敬他們這個家庭的賜予者。妳可能會認為這是極端的教義。不管是否極端，這都是真的。至於為什麼妳我應該讓這個準則稍微降低則是沒有說得通的原因。即使是我們擁有足夠的智慧或是合理的原因，我們又怎麼才能降低這個準則呢？如果婚姻制度和家庭都是神賜的，為什麼它不應該像這樣被保持下去？與此相對的便是對我們的國家和當今時代的詛咒。在婚姻的形成和家庭的建立過程中竟然如此輕率散漫。接下來在享受著宗教信仰的過程中，有兩件事必須投入極大的注意力去關注。祈禱用的家庭聖壇以及對於聖經的學習就應該像是這個家庭中的成員一樣。這兩點都不可能不出任何差錯的情況下被忽視掉。他們對於這個家庭的意義就好似基石對於房屋的意義，就像發酵劑對於麵包的意義。沒有什麼其他的家庭特徵會更加明亮地閃耀或是更加可能產生愉快愜意以及神聖的感化力。我不知道究竟有什麼東西會像家庭祈禱一樣神聖。而且在這個各界人士為了能夠讀懂上帝的話語至少每天都會聚在一起一次，唱歌，祈禱的地方，有著數不清的祝福。說得更遠一點，當家庭中每一個成員輪流做著祈禱，有時是丈夫，有時是妻子，而有時是孩子，這其中的種歡樂是巨大的。如果每週舉行一次家庭祈禱聚會，在祈禱中每個家庭成員都做口頭祈禱，這樣的習慣養成了，其益處便可能會增加。經過多年的培養這樣的道德基礎將會在這個家庭的歷史周圍建立起一道神聖化的力量之牆。讓我也為能夠在家庭中熟練使用聖經再說幾句。不要把所有的家庭宗教教誨都移交給主日學校和教會。在這方面應該有一個「在你家中的教堂。」父母應該注意務必要為家庭進行有主題性的聖經閱讀挑選特別的時間。我剛才說的是那些父母，但是現在我要特別對母親們說些話。如果這樣的任務分配理所當然被保持下去，必須被掌握在女性的控制之下。她應該注意到時間得是固定的，活動安排應該是成熟的而且規程和秩序應該以最幸福的方式維持下去。我可能還要說，人生這個階段的起點應該是談論結婚誓言和共同邁向新生活。延遲耽擱都可能會置有用和幸福的人生於危險之中。另一個特徵是整潔。這一點應該是每一個想要建造美好的家庭的年輕女性都要特別注意到的。沒有哪個男人願意看到他的妻子是一個懶散邋遢的人。許多男人會因為這個而變得痛苦和不幸。有一種力量可以增加在女性自身實際的整潔方面的舒適而且還可以使家庭幸福美滿。不僅僅是在她的服飾和她個人有吸引人的端莊整潔之時，而是當孩子們梳洗完畢，出現在剛剛回到家中的勞累憔悴的父母面前，就會產生無法在大地的堅硬岩石和汙物中發現的歡呼和樂趣。但世界卻比這種歡樂雀躍要多得多。女人在建造一個美好的家庭時貢獻出的力量是多麼大的吸引力啊！當她選定了她的丈夫的時候，她的丈夫會不斷的發現這房間的整潔有條理，牆壁上裝飾著各種不同的圖片，格言還有各種不同的雅致的裝飾形式。這是很美好的，我向妳保證。而且在這些小事中會發現巨大的價值。仍然還有一個涉及到幸福家庭的特徵的因素。一種充滿愛和溫順的精神。沒有什麼能用來代替這種精神。如果妻子和母親，家庭中的主婦們，不將這種精神保持下去，這個家庭的其他人就更沒有將這種精神保持下去的希望了。然而即使其他人略微對這種精神和性情感到親切，可她又很容易被激怒，脾氣暴躁並且十分醜陋，陽光也仍然會躲藏在烏雲的背後。那種在性情上不能被女性慈愛的魅力塑造的男人確實是十分少見的。這就是上帝賜予給她的天賦，而她應該利用這種天賦來使家庭的每一個成員都熠熠生輝。另一個特徵就是聰明才智。知識可能是通向邪惡的力量，就如同它也是通向善良的力量一樣。並且在家庭的內部這也是正確的，就如同在任何其他地方一樣。家庭文學著作應該是聖潔的，完美無瑕的並且可以鼓舞所有能提升道德本性的傾向。虛幻的書籍，像品味低下的小說，還有狂野浪漫的閒書，每週或每月一欄一欄連載小說的報紙，這都不能滿足一個家庭的需求。事實上在某些方面這些書可能並不是充滿罪惡的，但是對於思想而言她們也不是什麼有益食糧。沒有那一件擁有這樣價值的珍寶會被委託給銀行保管，就像那流芳百世的思想不會被委託給家庭來看護一樣。家庭中每個這樣的靈魂都應該被保護起來以遠離罪惡並且應該在神聖純潔之中接受薰陶。如果女性不做這件事，那誰還能呢？按照這種重要的思想，妻子應該要注意到，只要方法允許，她的家庭就會得到那種優秀的文學著作的供應，而且有足夠多這類的文學著作。如果她不做這件事，她就辜負了她所獲得的信任。節約，也是一樣，將會對於這個家庭的吸引力和幸福都有影響。沒有哪個男人能忍受奢侈揮霍。確實是這樣，有些人他們自己總是奢侈浪費，並且那麼放任他的妻子，就連一點低聲耳語的抱怨也沒有。但是這樣做經常會使自己面臨困境。絕大多數的男人都會讚賞節儉樸素而又勤奮的妻子。即使是擁有萬貫家財的人也喜歡這一點。我認識一些女性，她們很富有，而且在她們看來貧困似乎是一件不可能的事，愚蠢和潮流能使她們有多奢侈她們就多麼奢侈。她們會教育她們自己，她們的孩子們，以及她們的家庭中所有的人，向那最揮霍的召喚屈服，直到她們在破產的巨輪下被壓得粉碎，此時她們的家庭也是滿眼的不幸，滿眼的悲慘景象。當金錢財富對於培養她們每一個節約的習慣而言太過富足的時候，如果黑暗的日子真的到來了，她們在腦中能有一些對策並對於使用這些方法還是遊刃有餘，這樣就太好了。女性的工作是在這些過程中成為重要的事情的。她必須保存起來並且有效利用的事情和丈夫想辦法賺錢是如出一轍的。這項家庭工作的準備階段不能開始得太早了。每個有頭腦的男人都很願意做這件事。而且如果沒有它這個家庭就非常的不完整。親愛的伊薩，我將要提到的最後一個特徵就是情感。如果妳在任何其他的地方都不能付出愛，那就在家中付出妳的愛吧！讓家庭在充滿愛意之中開始，延續下去，並且以愛結束。哎呀！有那麼多人有錯誤的觀點認為蜜月就應該持續僅僅幾個星期。這樣的觀點非但不成立而且是錯誤的。這對於許多家庭而言是災難性的，會產生不忠誠，背叛還有不忠貞，而且這種想法永遠也不該用來娛樂他人，即使是一瞬間也不行。聖潔的愛，由神賜予，如神一般的神聖，被真誠心靈的感情視為神聖，應該成為家庭內一張連綿不絕的網。

最真誠的，A.P.G

第十三封信——妳能成為真正的女人

我親愛的侄女：

真正的女人。在這個詞語中隱藏著多麼無邊無際的意義和幾乎無法理解的想法。如果發現地球是個找不到任何女性的地方那將會是多麼的淒涼啊！這確實是很淒涼的。但是遠比淒涼更糟糕的是如果有一個人，她有著女性的外表形態但是她的性格包含了所有的不真實的特徵。那個存在著女性魅力，可愛以及純潔的地方確實光亮耀眼。那是充滿吸引力的伊甸園。

我對妳問這個問題「什麼是真正的女人呢？」並不感到驚奇。我的孩子，妳知道是什麼使金幣成為名副其實的金幣嗎？純金屬。金子從石英中分離出來然後根據各自用途而成形。女人也是這樣，由上帝創造並且由上帝賜予，然後去祝福男人。經過文明的教化和天惠天恩她可能比其他生物更有祝福他人的才能。偉大的造物主從來都沒有給過天使像女人這樣顯赫的地位。天使可能棲居在神聖的天國，敲擊著他們的豎琴，並且附和著頌歌的曲調使伊甸園的拱門發出了鐘鳴聲，但是他們沒能形成純潔清白的性格，沒能到清白無罪的國家永遠的統治為王。然而這卻是女性能做到的，而且上帝已經將這項職使命任命於她。塑造以及形成這種性格都她的舉手之勞。這是一種漂亮美麗，可愛的職責，就連天使都可能會垂涎的職責。就像寬容是從家庭中間開始一樣，這樣的體驗和事業也是從家庭中間開始的。年輕的女性，只要妳瀏覽到這封信，就不要再退縮了。妳的任務並不艱難，但卻是光榮輝煌的；它不是不可能完成的任務，而是幸好在妳力所能及的範圍之內。真正的偉大通常存在於簡單之中。所以與其他任何地方相比，妳能在女性的身上發現更多的聰明才智，天真無邪的活力和行為舉止。哎呀，有那麼多年輕的女性，在她們將性格中的那份純潔保留下來的時候，她們就被賦予了宣稱她們是真正的女人的權利。她們可能會這麼做並且填補這個世界上的空白。正氣，勇氣以及正當行為的目的，都是當今世界所需要的。沒有哪個言語無味的人能被其他人帶著敬意地容忍；就像點滴之水匯聚成海洋一樣，這些微不足道的行為構成了我們的生活。如同空白的紙張在沒有用墨水往上面寫字的情況下不能閱讀出什麼內容一樣，妳的性格也不可能在沒有任何行為的情況下被人理解。女性原則的真實性永遠都是由她的行為來斷定的。親愛的伊薩，接下來我要告訴妳，立即提升女人氣質的最高典範。妳能做到的。即使不能成功，也能向上攀登很長一段路。一級接一級的臺階構成了梯子，而且每次只需要花一點力氣就可以登上一級臺階，然而就是透過攀登這樣一級一級的臺階妳就能到達頂端了。妳可能會遇到障礙，但是在他們周圍轉一轉，爬上去，從他們的上面爬過，把他們從妳的道路上移開，按照某種方式繼續前行。妳可以在山上鑿出幾條隧道讓自己通過，但是絕不能讓大山阻礙妳繼續前行。那是什麼樣的女人？她曾經獲得過某種有價值的地位，並且沒有遭遇到太多艱難險阻就擁有了美德。僅僅宣稱純真對妳而言是不夠的，因為妳已經將純潔的生活保持下來了。除了那之外還要將妳所有的情感，和道德的力量以及身體的和精神的力量投入到征服制勝的力量之中，而且在生活的舞臺上讓這些所有的力量去行軍征服他們即將要征服的。勝利才是抗爭的正常結果，而不是失敗。至於這一點，許多年輕的女性透過滿是風暴和溝壑的生活海洋已經學會了。但是當我給了妳這些想法，希望激勵妳產生正確的動機，行動和收穫時，待到妳對於女性有著意義非凡的疑問時，我才會完成這封信。

「什麼樣的幫助能使我成為真正的女性？」當然我應該把教育強調在最重要最突出的位置上。只要智力水準和外部環境允許，學校那些主要的學科就應該被掌握。還有就是不要忽略了音樂。但是不要讓妳那有學問的知識獲取誤跟隨了世俗的聰明這條軌跡。接下來，試圖讓每一點學識都貢獻給美好的結尾。祈求上帝賜予才智來指導妳全部的力量和天賦。在生活中不要漫無目的；而且最重要的是目標要高遠。有著堅定的目標的女孩就是必要準則的肩負者。在我的回信中讓我來催促妳一下吧！在妳的女子氣質形成的過程中，妳毫不重視團隊的力量。我要是寫封信給年輕的男性們說應該堅持主張這一點就好了。壞的夥伴經常是他們的禍根；它可能仍然和妳在一起。我並不僅僅是指妳要小心妳結交的男子，而是也要留心妳的女性同伴。審視她們的道德信仰，思考模式，同伴和行為，如果這些不是能提升妳的想法，靈魂和身體的，立刻重新做一次選擇吧！那麼多的年輕女性顯然將目標僅僅瞄準在透過在世界上的一種徒勞的展示來欺騙這個社會。如果這是她們唯一的目的，她們要是能逃出這個世界就更好了，而且她們當然不是那些想要建立起真正女性性格者的合格夥伴。我親愛的伊薩，我也會建議妳去選擇優等的閱讀課程來幫助妳那富有朝氣的上層建築的構造。妳不應該去嘗試讀遍每一本書，有兩個原因，第一，妳沒有時間，第二，妳可能受不了將時間，金錢或是天賦花在那些沒有益處的地方。在成為真正的女性的幫助中我僅僅給妳這個提示。但是當我有一點閒置時間的時候我就會給妳寫一封關於閱讀的信。我只談論對妳特別有幫助的事情。向妳的女性長輩詢問並且接受建議，接受勸告並且接受所帶來的影響。現在是一個這樣的時代，通常而言，年輕女性沒有重視她們的母親和朋友的才智，而這是她們應該重視的。盡可能的改善對妳有幫助的第一個機遇，最好的機遇以及每一個機遇，那樣妳就永遠也不會有什麼遺憾了。妳問，「我能對那些虛假的事物顯示真誠並且給予鼓勵嗎？」就算妳自願這麼做也是不對的。可能會有很多次被環境所迫超出了妳所能控制的，妳這麼做了。在這樣的事例中妳可以使自己保持心靈和動機的純潔。是的，還有妳的尊嚴。但是堅定的行動和決心將會增加妳個人的幸福並且贏得其他人的尊敬和信任。這個問題是至關重要的：「一個年輕女性成為真正的女人的最好的證明是什麼？」而我的回答將是另一封信。

謹上

第十四封信——著裝的風格

我親愛的侄女：

就在幾天前我見到了一種暗示了存在於一些強有力的事實和一點點幻想之間的差異。在依靠隨風工作運轉的多孔硬紙板上放置著一根橫杆，橫杆上寫著兩個大字「哈哈」。透過細小的紅線從橫杆上懸掛出來的是另一個更寬的而且帶有題字「摩登愛情」的杆，而在其下面，懸掛在其他一些繩子上的，是兩個刻度稱盤。相比之下在掛得高一點的刻度稱盤上面放置的是一份仿製的感情。在另外兩個白色小袋子裡，裝滿了穀糠和木屑。這些袋子就這樣裝滿了這些毫無用處的填充料，而且打破了那種平衡，它們就是用來代表當今世界中的情感和性格，然而情感應該比金子，銀子，服飾以及每種閃亮的外表都重要，而且應該借助神聖的信仰來服務這個世界，但是現在卻是用來在刻度盤中向上翻飛，看起來就像是已經吹過去的被遺忘了的陣陣微風。「摩登愛情。」當我凝視這一幕的時候內心突然一沉。如果是拙劣的冒牌貨，那就是一種恥辱丟臉的事。如果是真實，那就是一件令人惋惜的事。但是當我想到有多少偽裝要被放進這種外表華麗的服飾當中時，我被這不可避免的結果所震驚了。但是我從這種差異中吸取了教訓然後轉向另一面，親愛的伊薩，就讓它去承受壓在妳心靈上和生活中的沉重吧！如果妳不需要了，那就把它贈予有需要的人吧！我擔心會有很多那樣的人。在各個歷史時期優美華麗的服飾都產生了太多的欺騙和不幸。這是一個不可能被推翻的事實，除非在服飾裝扮的方式和習慣上發生些變化。但是當我在敘述這些的時候，我不會把端正整潔的標準降低也不會降低我的品味，一點都不會。不，即使是一轉眼的功夫都不會。我不會清除掉任何合理的理由可以支配的事情。至於妳問的「優美的服飾的有些什麼特徵？」對於妳的這個問題，我至少會列出幾條特徵。一個應該注意到的特徵就是在節省家庭開銷的同時要節省服飾的開銷。如果一位年輕的女性還在家中尚未出嫁，而她的父母正在努力維持家計，她就應該這麼做。如果她是自給自足，開始穿著超越原生家庭所能接受的昂貴衣服，那是非常不明智的，因為那將會產生介於自己和家庭之間的錯誤標準。如果一位小姐結了婚，她就應該嘗試在原生家庭所能接受的限度內穿著衣服。沒有什麼會比妻子以丈夫不能供給支付的方式，出現在社交場合更加迅速地使丈夫喪失信心和勇氣了。我是指那些嘗試著在世界上大步前進的男人。即使實在富有的家庭，過度的奢侈浪費也永遠不該得到容忍，因為奢侈浪費會形成品味上的奴役，這通常都會導致悲痛哀傷，為孩子們和其他人建立起錯誤的準則。通常財富會很快散盡。然而在需求之間徘徊的痛楚；

而且在這樣的環境下，愚蠢的奢侈浪費的習慣將會表露無遺。接下來我要說，年輕的女性，不要嘗試在這樣的基礎上為了幸福和功能而培養性格。精緻的絲綢和優美的綢帶以往從未提供女孩充滿愛，美德還有可靠的性格，而且它們將來也不會。理所當然不會是這樣。接下來我要說，以高尚的品味，穿著整潔的服飾，而且用適當的開銷，並且讓女性優美的裝飾打扮超過她外在著裝的吸引力。但是在此我要對母親們說幾句話，尤其是那些年輕的母親們。不要在上帝賜予我們的孩子身上打扮那種在我們周遭為數不多且黯淡的風格。這不僅僅是愚蠢的，而且充滿邪惡。我是指品味上的墮落和在孩子們珍貴的心靈中產生虛偽的欲望。孩子們如同天使一樣，天性使之然，然而並不需要愚蠢的母親們放在孩子們身上過多的裝扮。有多少人是由他人照料並且由他人打扮直至死去。品味是在許多母親的不知不覺中形成的，之後便完全毀掉了她們的女兒。在這未成年的歲月，道德滅亡的種子就被埋藏在許多年輕的女孩優雅的並且奢侈浪費的服飾當中了。就算是財產富足也不可能為這樣的不幸辯解。沒有人比我更愛小孩了；並且用我這種方式向母親們呼籲的愛。帶著小孩們特有的神聖天性，就算是水和肥皂以及簡單的服飾，都將會使小女孩擁有足夠的吸引力來影響周遭的世界。但是妳問「被別人觀察能感到舒服嗎？尤其是在服飾上。」聽著，我的孩子，在我開始談論這個至關重要的問題時，我明白在妳的問題中不僅僅蘊含著舒適，還有健康，幸福，甚至還有生活本身。對於她們的不幸和痛苦，妳認為是上帝讓女人們把自己捆綁得這麼緊，像許多人做的那樣，就像奶油罐或是牛肉桶一樣。透過這件事妳就會知道很多女孩幾乎都變成了扼殺自己的凶手。正是此時在這件事上我們應該有更加認真並且更加堅定的改革。妳和其他所有的讀到此處的年輕女性都會立刻開始改變嗎？如果妳願意，將會對妳所處的時代做出極大的貢獻！

妳最真誠的叔叔

第十五封信——年輕女性的職業

我親愛的侄女：

關於女性職業這個重要問題不應該一筆帶過。它是非常重要的，對於健康和幸福都是如此。對於年輕的女性而言得到她應有的精神以及身體力量上的發展是完全不可能的，除非她感受到責任的重量。她應該被教育成這樣。我再補充一句，這不應該成為她不能承受的負擔。在發展的過程中應該對她給予關心。而且在日常工作中應該留出來一定的空間，並且也該關心關心玩鬧和娛樂。開朗和富有朝氣的社會是至關重要的。「只工作不玩耍，聰明的孩子也變傻。」這對於女孩們也是適用的。所以請為女人天性中的幽默和開朗留出些迴旋餘地吧！但是為了回答我寫這封信的目的，我親愛的伊薩，我根本不需要影射玩樂。這在方面已經告訴女孩們足夠多的觀點了。我們這個時代的趨勢就是過度地為了聚會，消遣娛樂和類似的活動養育女孩，而不是為了在某些有益的方面去養育她們。任何工作都可以去做，除了從事真正艱苦的體力勞動。而且，如同對未來肯定會到來這樣問題的肯定，女人們會發現，依照降低工作標準的比例，她們會相應地缺乏力量及勇氣，還有享受生活和可以稱之為幸福的健康身體。

「對於年輕的女性而言有份工作是必需的嗎？」

我猜妳是指可以支配她的時間和天賦的一些有用的服務工作。毫無疑問是這樣。透過各種途徑她學會了做些事情。任何與此不相關的想法見解對於靈魂和身體而言都是災難性的。而且，通常而言，我認為母親們在這一點上是應該受到責備的。當小女孩還是在三歲，四歲，六歲和八歲大的時候，就應該有人教會她做些工作。不是那些太過於艱苦的工作，而是做些瑣碎小事。她能夠一邊玩耍一邊學會做些工作中的小事。

為什麼不去裝飾清洗玩具娃娃的衣服，清掃玩耍時撒落的灰塵，撿拾餐桌上的碗盤，掃走麵包屑，把椅子推回原位，撿起碎片，把積木放回原位，拾起花菜園裡的馬鈴薯，清洗掉蔬菜上的肥料，分檔挑選莓果？不是要對她脆弱的體能加以重負，而是做些小事。一旦將我們的女孩們撫養長大，讓她們相信布麗姬特[5]會做所有的工作，我們就永遠不會擁有可以祝福我們的國家的女人了，而這樣的女人是我們應該擁有的。

「如果一個女人很富有了那她還應該工作嗎？」是的。就她生活和幸福的構想而言，這應該是沒有什麼區別的。我肯定，而且將來也會繼續確信財富是不可能產生可靠的安慰的，除非顯示了相反的一面。當然，財富是很令人滿意的。但是財富卻不可能產

5 Bridget，女子名，布麗姬特，涵義為強壯的人。

生真正的幸福。而且離開了自己的那份工作的女性犯了很大的錯誤而且就處在危險之中，因為她很富有。危險是她會變得很世俗而且充滿罪惡。一旦她可以掌控她的財富了，金錢就會被浪費揮霍在無法滿足的品味的道路之上。但是讓她學會勤勞之道，並且為了在無邊無際的商品中使用她的財富，這些商品可以給她自己的心靈帶來無法形容的樂趣而且當她躺在安靜的墓地中時在她的名字周圍縈繞著愉快的回憶，她的品味會得到陶冶教化。誰不會渴望這麼多呢？

妳問，「當母親在家中做著單調乏味的工作的時候年輕的女性試圖尋找自己的快樂是正當合理的嗎？」

不，那是不合理的。長期以來我一直堅信有很多年輕的女性都不得不搓鈍那把迫使她這樣做的良心的鋒利刀刃。如果說在地球上有一個愛應該享有至高無上的權威的地方，那就是在女兒和母親之間了。若一位年輕的女性熱愛娛樂，是小說閱讀的愛好者，愛好各種聚會，還有馬戲團表演，如果母親決定把洗碗，清掃地板，照看小孩，週一清洗，房屋打掃或者類似的工作留給她做，沒有任何人會真正感激她的母親。也不可能使我相信她是真的愛自己的母親。她最大的幸福應該是在她摯愛的母親身旁歡呼喝彩。她的歡樂就會像河水一樣流淌。

「做家事是件丟臉的事嗎？」

毫無疑問很多人是這麼認為的。不應該是這樣的。而且實際中這種說法也不是正確的。但是，儘管專心致力於這個問題，我要特別強調，我堅信女孩們永遠也不會成為當前所需要的那種人，除非社會大眾，普遍認知到做家事是值得尊敬的。年輕的女傭人應該被領進家中並且應該受到像家庭成員的待遇。為什麼不？你會說，「她們是傭人。她們的地位在我們之下。」你說的是什麼？「地位在我們之下！」是誰讓她們變成這樣的？是男人，出於人類的看法和偏見。當然這不是偉大的造物主的成果。她們有思想，有靈魂，有性格，還有不朽的生命。她們應該融入家庭之中，參與唱聖歌和祈禱。這種問題根本上的改革，不管是在任何地方，都是需要時間的。我知道會有巨大的阻礙，但是聰明才智和不屈不撓會克服這些障礙。上帝需要它。如果不是為了讓我們的女孩們和未來的妻子們擁有健康的身體和幸福，使做家事變得光榮體面這樣的目的，它就應該是這樣。這種感情不是共產主義，而是基督教教義和一般常理。

「熟悉家庭內部的各種工作是她的職責嗎？」透過各種途徑，盡可能做到這一點。

在一千個女孩中都不會任何女孩，在活到了成年的時候還需要這樣的知識。母親和女兒都應該有這樣的認知。

關於女性從事的各行各業我應該說得更多，但是現在這封信已經很長了，希望這些提示能發揮一些幫助，信就寫到這裡吧！

妳的叔叔

第十六封信——讀書

我親愛的侄女：

現在我要坐下來和妳談談關於讀書的事。首先，讓我說一句，每一位年輕女性都應該有一間圖書館。不管是大是小，她都應該有一間。我知道妳很少聽到過像女人的圖書館這樣的事。但是時不時的我們就會聽到關於某某先生的圖書館的事情。為什麼不讓女人也有個圖書館呢？她們有頭腦，有勇氣，有精神上的力量，還有道德上的影響力。為什麼不讓她們也去收集圖書，好書，那些能增強她們思想的力量並且能使她們勝任對社會產生精神上的勇氣這項事業的書？我們給了女孩和男孩一樣的教育，而且允許她們坐在我們的大學課堂中最好座位上的時代已經到來了。在保持這些優勢條件的同時，她們掌握的知識應該被安置在最好的合理位置上來發展和擴大。年輕的女性們應該精通學識，以致於能夠引起周圍的所有人的興趣並且指導他們。她們和年輕男性的交往也需要學養。為了勝任妻子和母親的角色，圖書館也是必不可少的。沒有什麼能夠代替圖書館去正確地塑造孩子們和家庭的思想。年輕的女孩一離開學校就放下了書本，看見這番景象是多麼令人感到悲傷啊！並且如果她們完全專心於閱讀本連載小說，或是其他一些她們費力的讀完大量的篇幅卻僅僅得到一點點寓意的其他閒書，這也是同樣的悲傷。為什麼不培養並提升她們的品味，收集一大批能產生真實的智慧的圖書，進而祝福整個世界？親愛的伊薩，好好想想吧！然後立刻創建一個圖書館，直到妳已經到達了一個美好的可以滿足妳的頭腦和心靈的終點。

現在，我來回答妳的一些問題。

「我怎麼才能知道我該讀什麼書呢？」首先，考慮妳的品味和愛好。如果那些書是妳應該讀的書，透過妳更加英明判斷的決定來檢驗一下，遵從它們的指示。如果不是妳該讀的書，趁還年輕時改變吧！這是一個黃金時機。現在妳可以塑造妳的思想，就像男孩子能學會木匠生意，或是女孩成為女帽頭飾商那樣。接下來就讀書吧！要強迫妳的思想有正確的品味和修養，在知識的獲取和運用上都是這樣。接下來我會主張妳制定一條選擇閱讀的規則，除非那本書或者報紙會給妳提供些益處，否則就不要選擇它。人生苦短，思想太過於珍貴，人們不能浪費在幻想和浪漫的傳說故事當中。有益的圖書和報紙是無止境的，品格低劣的也是一樣。妳可以毫無困難的選擇讀物。是真的，有很多寓言小說書籍像班揚的《天路歷程》以及類似的一些書，這些書會在其每一頁上都給妳既有娛樂性又有教育指導意義的一課。要當心那些毫無意義的書籍，從其中妳不可能得到任何對妳有益處的話。

「我應該把多少時間用在閱讀上呢？」有一些就行，但每天都要有。如果可行，每天要有一個小時到兩個小時。要記住許多瑣碎的小事，妳經常會允許這些小事去占用妳的時間，而這些小事絕不會像閱讀一樣對妳產生益處或者讓妳滿意。

思想就如同身體也需要食物。接下來為閱讀安排出合適的時間，如同妳在吃早餐，吃午餐。有多少女孩浪費了本應該花在閱讀上的時間。

「消遣讀物不適合成為年輕女性永久而優良的閱讀類型嗎？」與男人帶著渾身酒氣醉醺醺而不能勝任工作相比是有過之而無不及。但是它會產生同樣的作用，或大或小。但是就在這，我想要給妳提兩個建議。一個是，在為坐有軌電車時選擇閱讀書籍的時候，不要選那種普通的小說，而是要拿真正的書籍，雜誌，或是對妳有益處的書。另一件事就是每天都要讀聖經。不要停下來去討論它的神聖性或是真實性。專注在閱讀聖經。這是一些很久以前就確定下來的問題，而且一個時代和幾個時代的不信仰或是不忠誠都不能使它們動搖。讀這本書中之王，並且與其他的方式相比閱讀聖經會在讓妳讀好書這方面更有幫助。

「大聲閱讀會有好處嗎？」——我應該向所有年輕的女性們都推薦這種方法。它會是一種個人獨享的益處。但是比這更重要的是，她應該在家中閱讀，尤其是在病房中。

摯愛的妳的叔叔

第十七封信——潮流

我親愛的侄女：

對於思想，行動和影響力而言這是一片多麼廣闊的天地啊！每個人的身體或多或少的都會被潮流所控制。「什麼是潮流？」「任何事物關於它的外在表現的狀態。一種會被模仿的模型。」所以妳會發現潮流可能是好事也可能是壞事。潮流可能是在服飾或是習慣之中，在充分理解或是忽視之中，在富有或是在貧窮之中，在汙穢或是在純淨之中，在罪惡或是在美德之中。任何可能被個人模仿或是被一個團體仿造的都是潮流。我知道這種觀點可能使妳思想中的觀念發生些改變。然而這是正確的。妳很可能已經認為我們所稱作的潮流單單是由華麗的外表，財富，裝飾物，以及類似的東西組成。不是這樣的。「難道許多的潮流不是傷害感情的嗎？」不，它們當然會傷害感情。這是不言而喻的。各種的團體絕大部分都順應了邪惡的潮流。儘管年輕的女性們很少褻瀆神明，我還想在此談論這種習慣，也許可以說是忿怒。可怕的習慣！妳可能會說，年輕的女性們如何對待這種潮流？如果沒有什麼其他的事，她們允許這種習慣不受職責已經太長時間了。那是會造成傷害的；而且還有另外一種潮流，一種令人感到悲傷的潮流，就是對菸草的濫用。我知道很少有女性會使用這種骯髒的雜草。可有一些人會這麼做。但是如果女性們下定決心抵制這種有害處的習慣時，妳認為它還會在現實社會的各階級中不受拘束和抑制的蔓延？不，不會；而且我十分確信這種逐漸強大起來的罪惡永遠也不會得到改正，除非遭受它的迫害和汙染最多的那些女性能加入這戰場，帶領強大的軍隊，輾碎了敵人的威脅。過度酗酒也是一樣，在許多場合確實是一種潮流，但是卻是一種害人不淺的潮流。哦，那些相當親切，有影響的女性會團團圍住國會要求請願，直到國會聽從了號召，制定法律徹底禁止了酒精飲料的製造，飲用以及進口。由此產生的是多麼幸福的感情，多麼幸福的生活，多麼幸福的家庭。我可能會順便提一下打撲克牌這種流行的活動，打牌會在某些方面將靈魂引誘向死亡；而且跳舞也是一樣，跳舞如此有吸引力地將許多女性引誘向了罪惡，用玫瑰花掩蓋了她前行的道路，直到被捲進了漩渦之中。許多不同的局面也會呈現出來，但是妳要緊緊抓住妳這個問題的答案，「難道許多潮流都不是對人有益的嗎？」每件錯事當然都會有相反的一面。潮流也是一樣。當妳看見一位熱愛真理，沉著安詳，端莊優雅，溫柔和藹的淑女，掌握著引人向善的巨大影響力，難道妳不會去模仿她嗎？或者，換句話說，妳不會去效仿她的先例嗎？愉快的加入到社會活動這樣的習慣是會受到人們熱情的歡迎。有時我會發現這類社區，完全習慣高尚的道德與風氣的潮流。這種狀況對於社區中的所有居民而言是有益的。我非常理解有些人會說：「那太愚蠢了，令人感到厭惡，不能讓人滿意。」對於主張這一觀點的那些人可能會是這樣。我們不是在探討喜好品味的問題，而是關於益處的問題；而且我敢肯定在任何把身體上的或精神上的痛苦強加在人身上的地方或是實踐中既不會有什麼原因也不會有什麼聰明才智。我的意思是我們有理由相信我們會這麼做的。那些在真正的幸福之中增加了果實並且滿載著豐收果實的潮流會受人讚美和效仿。據我看來，妳自己，還有這封信的每一個讀者，在回答這個問題時都會說是的。接下來我們要說的就是相反的了！這世間有娛樂的潮流，學習的潮流，工作的潮流，以及社會交往的潮流，這些潮流都是對人有益的。聰明的人都會選擇並且緊緊追隨這些潮流。「基督徒應該追隨這些潮流到什麼程度呢？」當它順應了神聖的生活的時候就行了。伊薩，這個問題就在於基督教經歷和基督教的生活。我不認為妳和其他任何有名望的女孩可能會對偽君子感到滿意；而且對偽善也不會滿意。這個世界是不會去閱讀聖經或是其他宗教書籍的，但是妳我都有機會閱讀。它能審視基督徒的生活；它能解釋我們日常行為詞典中的每一行。通常他們會比我們更加理解自身。我說過，有許多神聖的潮流，也有許多罪惡的潮流；

而且我必須說，如同自願遵守道德品行之最高原則的決定那樣，緊緊追隨神聖純潔和美德品行的潮流是基督徒的職責所在。舉個例子而言，我們有很多同伴，她們會十分自然的跟隨潮流走進電影院，就像水會往低處流淌一樣。她們認為這是正確且合理的，熱愛它，並將持續追隨下去。這是一種基督徒不該追隨的潮流。作為一種娛樂它是有害的。它的性質迫使產生這樣的影響和結果。誰聽說過劇院的經理還是一個基督徒這樣的事？妳可能肩負著不用任何熱量去生起火堆這樣的任務，就像是一個非基督徒要為基督徒建立起適合他們的社會和潮流一樣。什麼是基督徒？不單單是指有這方面經驗的人類，而是一種新的生命。天國中的主人不是這個世界中的人，儘管是生活在這個世界上，但卻不是這個世界的人。獲得了進天堂的門票，男人就會暗自慶幸這世界的一無所知。許多在這世上的神聖的靈魂，還有許多在天國的福恩照耀下的人們都可以證明。我很清楚這一點。其他一些人也清楚。邪惡的人們或是惡魔都不會否認這個事實。他們擁有可以滿足靈魂的東西，而且當這個世界的潮流漸漸逝去的時候，他們會繼續在天堂那片未受汙染的海洋中沐浴著。我們人類神聖的天性中每種情感都會因這種幸福的心靈體驗而歡喜雀躍，或者從心靈深處大聲呼喚著這種體驗；而且在這件事中不可能有任何的欺騙。

在金銀珠寶中不會有持久的滿足，世界也不會有永恆的樂趣；但是在靈魂之中卻有對上帝的真正了解。因此，電影院就不能展開一張適合基督徒的桌子。這就好像讓一個習慣於飲用清澈泉水的人現在去喝滿是泥漿的池塘水一樣。那麼，總而言之，我會對所有的基督徒說，不要僅僅因為流行的原因就去緊緊追隨對妳的傷口有傷害的事物。「一個追求潮流的女人必然是一個空虛的世俗的人嗎？」如果妳的意思是因為她著裝優雅，而且在更高級的領域走動，那麼我的答案就是否定的，當然不是。在所有的這些表面現象之後可能會有一顆充滿愛，恩惠和奉獻的心靈。我想我已經知道了這些，某些人的經歷的真摯性，某些人的生活的正確性，這都是毋庸置疑的。超出他們所能控制的境況可能已經激勵他們沿著這樣的流行方向行進下去。在小木屋中盛行的虔誠，當然在宮殿中也可以；而且穿著印花布衣的人可能不一定會比穿著奢華服飾的人有更加強烈的宗教信仰。一些人會以貧窮為自豪，就如同其他人以富有為豪一樣。應該在任何一種會產生傷害和破壞的潮流中採取什麼樣的對策來防衛自己免受傷害。「嚴格地堅持已經制定的社會法律是一種軟弱嗎？或者在類似的事情中聽從某個人的說服是性格力量軟弱的證據嗎？」女孩們應該徹底地學習和從事研究，這個觀點是非常重要的。與年輕女性各種強大的力量一樣，聰明和果斷都是難能可貴的財富。理所當然地，沒有哪位女性能夠擁有這麼多財富；並且在這樣一個潮流，善惡美醜更替如此頻繁的時代中，她需要這樣的財富。對於正義的堅持是當前所需要的。這個世界會讚美它。並且帶著我心中的愛，思想中的聰明才智以及我文章和聲音的力量，我強烈建議妳接受這個觀點並且把維持下去。

真誠地

妳的叔叔

第十八封信——妳可以有益於妳的年輕男性朋友

我親愛的侄女：

我對於妳問的關於年輕女性和男性之間的關係和影響的問題非常感興趣。沒有什麼能比這更重要的了，而且不論好壞都不可能再有什麼更有影響力的了。就是在這種感覺和狀態的光芒下我給妳寫這封信。聽著，我親愛的伊薩，在我回答妳的問題的時候，我會給妳一些提示和幫助來指導妳和年輕男性們的交往。

「在與年輕男性們的交往中女性們適合成為什麼樣的人？」各個方面都很適合。在我開始告訴妳關於男男女女的交往中的一些重要看法前，我只想再次提醒妳注意年輕女性在形成和塑造年輕男性們的生活上的極強的適應力，上帝都未曾授予天使這種能力，而且這種適應能力也是其他生命都未曾有過的。天使不可能同情比他地位低的人類，而且也不可能在人類的需求，品行道德，精神和物質方面幫助他。女性在男性身上的產生影響和動力的這種能力是難以確定的，無法解釋的，而且是極其無限的。如果公正地權衡這種能力並且使它們更合理，在這劇烈動盪的世界中同樣是很甜蜜的，安慰人心的，意氣昂揚的並且是十分幸福的。女性適合第一個去說服男人。她與生俱來的職責就是限制約束男人還有吸引男人。不是熱情似火的，而是要去鼓舞他並且要鞏固他在上天賜予這種的人的地位中處於那個最好的位置。她所能做的這件事是其他人力有未逮的，而且她是響應神的號召來做這件事的。當然如果她有選擇，她也可能走相反的一條路，而且她要是選擇了這樣的一條路，就會降低他的地位。但是她本性中的各種本能在這樣的想法面前都會退縮。不幸悲傷的步伐在某種程度上使她的本性變得更加堅強，並且在她答應之前就已經讓她陷進了邪惡的陰謀之中。然而在生活剛剛起步的階段，年輕的女性們都應該盡全力擬定計畫，研究方法，並且全副武裝自己去執行自己對年輕男性們的職責。而且知道這其中並不缺乏機遇。不管對於男性還是女性而言，可以培養他們這方面能力的學校是無數的。年輕的女性需要有情郎而且男性們也希望成為有情郎。妳必須選擇正確的行為並充滿決心。獲得這種能力，我敢說，猶如囊中取物。而且就算妳能用超強馬力的引擎搬走一座大山，妳也不再可能剝奪女性們的這種能力。從這方面而言所有人以及個人都適合引領男性進步或落後。在此讓我來講述一個當前必須注意的要點。就是穩重冷靜的思考以及明智的交流。不要誤解我的意思。我並非建議女孩和男孩們生活在沒有合理消遣和娛樂的世界上。他們應該保有些許社會上的娛樂及消遣。但是這些消遣應該受到檢視，然後年輕男女們選擇性的參與。當今世俗的娛樂走錯了方向，而且年輕人為了那激昂的騷亂正變得聲名狼藉。這其中的果實已經萌芽，開出了花朵。果實掛在花園之上。確實是相當不錯，但是有些苦澀。毒蛇正在使用牠的毒牙攻擊社會的每條大街小巷，並且毒害了社會中幾乎每個人動脈中的血液。教會很快就會丟失顏面，而且這個世界中更優秀的一個階級的人就會在世俗的愚蠢和罪惡面前敲響警鐘，然而這些愚蠢和罪惡經常是由我們最優秀的女性們所引發的。而且除非是女性們這麼做了，否則不會有任何改變。妳也可以去做這件事而且妳應該能做到的。創造妳的上帝，還有妳賒帳的對象，都需要它。妳本身的幸福以及年輕男性的幸福都需要它。我說過明智的交往是當前所必要的。一個年輕男性被介紹給女性。他在尋找她的同伴。最後的草莓節，教會集市，圍裙舞，還有擁抱和跳躍的「圓舞」（天哪，經常都形成了會被瓦解的墊腳石），在電影院的那個夜晚，還有男性聚會上，都準備用淺薄而毫無意義的話，以及除了能夠提升思想和內心的知識之外的任何事物來提升他的思想和心靈。他更加高尚的本性是祈求渴望更美好的事物。她受到過教育，而且可以傳授知識，傳授愛，還有祝福。但是她是一個女人，並且有人可能會認為沒有受到熱情的款待是很粗魯的，儘管這樣的款待是很討厭的甚至是令人作嘔的。她的態度和感情掌控了勝利。就像是開啟了最後變成寬廣湖泊的小溪流的泉源，就像是引發了一個城市的大火的微小火星，相應地她也讓思想和決定開始大幅度地運轉。如果女性們願意擴充它們，擺在她們面前的將是多大的可能性啊！

有了這種突出的影響力，她們就適合去把男人的每一分錢投入節省，節約以及財富的通道之中。不要認為妳們和男性口袋中的書籍沒有任何關係。妳們有，而且關係還很大。妳怎麼說，他就會怎麼做。如果妳現在立刻鼓勵他去收穫華麗昂貴的禮物，在週日雇傭侍從，帶妳去那有著使人墮落的影響力的電影院並且為此花上一大筆錢，把他的金錢揮霍在毫無用途的事情上，或者是花在比毫無用途更糟糕的事情上，妳的丈夫是一個揮金如土的人，在不久之後他會擁有一個節省的，貧窮的家庭，這本該是個幸福，繁榮昌盛而且供給富足的家庭，妳對此並不該感到奇怪。這就是妳造成的局面。我就想大聲的呼喚，提醒那些慫恿她的未婚夫送給她一只遠遠超過他的收入的鑽戒的女人。在結婚之後她就不得不由她的朋友來照顧了。妳形成了他的袖珍本圖書的目錄，也形成了他的心靈和智慧。

妳也適合於他的道德品行的教育和選擇。妳年輕男性朋友的宗教狀態不可能不受妳的影響和評價。他們會敏銳地感受到。在以前的幾封信中我已經提到這個問題了。但是，伊薩，這個問題必須一而再再而三地重複去極力主張，我可能會對某些將來讀到這幾行信的人說幾句，這些人對男性的宗教狀態這個問題完全地漠不關心。如果是這樣，他們就不會有什麼影響。但是我知道有大量的年輕女性，她們誠懇地渴望在她們的周圍有一些優秀的男性。這些人能比其他人使她們變得更加優秀。妳可以引領著他們並且讓他們變得更加優秀。然而我不知道還有什麼其他辦法會比與他們一起祈禱更有效。對於曾經過著那種不會聽到男人們祈禱時的聲音的女人而言，這是多麼美好的祝願啊！妳認為妳用這種方式發出的聲音會是軟弱無力的嗎？妳那來自充滿愛的內心的聲音，情感，慈悲心，還有女性的祝福，會是軟弱無力的嗎？永遠不會，不，永遠不會。這就是這個世界上的最偉大的道德力量。因為有一些人會去探索這個問題，而我也不會去阻攔。這是真的。妳可以嘗試看看，然後妳就會發現確實是如此。男人們現在都在他們的心底為這樣的要求而嘆息著。

而且，根據我的判斷，如果每一位年輕女性，只要有機會，就會去從事合適的工作，工作便能將他們從過度酗酒，吸菸，結交壞朋友的惡劣影響中挽救出來。我親愛的侄女，難道妳不會以一種前所未有的方式立刻開始承擔妳的職責嗎？

「先前的事例能夠產生這樣的益處嗎？」當然能啦，而且很多都可能是按照這種方式完成的。但是我們生活在這樣的一個需要言語和行動的時代。女性們應該大聲說出來，懲惡揚善。譴責罪惡，堅持正義。而且與學校的老師按照先前的事例，在沒有任何言語的指示下從事的本職工作相比，年輕的女性不可能在這些事情中按照啟示錄盡到更多的本職義務。

「年輕男性更容易受到這種偉大的影響力的影響嗎？」所有妳招待過的求愛者之後，在妳和男性朋友所有的嬉鬧歡樂之後，在妳產生的所有有益的影響之後，好好考慮考慮，妳應該問我這樣一個問題。但是我猜想妳希望看看我會說些什麼。好吧！我的回答是他們確實就是這樣。是的，絕對是這樣。沒有哪個人或是哪個階級的人可能更容易受這種影響的感染。

與男人對女人的影響相比，女人對男人有更大的影響力，是這樣的嗎？她們確實是這樣。這件事的內在本質限制了它朝另一個方向發展。

第十九封信——年輕女性們的懷疑主義

我親愛的侄女：

談到這個話題，我是指關於聖經，宗教真理，宗教思想以及宗教經歷的懷疑論。懷疑是悲哀的。信仰是有益的。然而親愛的伊薩，許多女孩對於所有曾經祝福過這個世界的體系之中最強大的並且是最優秀的持懷疑的態度，根據妳問我的關於這件事的問題，我相信妳對這種誘惑並不會感到陌生。埋藏在每個心靈中的這種傾向都會舉起反對上帝的軟弱無力的手。這都是自然而然的。也不可能是別的樣子。墮落的心靈則不允許的。在早先的幾年或往後的幾年，必須形成根本的變化，用來扭轉思想和行動上的這種趨勢。這裡有衝突，是道德的戰場。在這裡女孩們開始為了靈魂束縛或是靈魂自由而奮戰，而且我承認這通常是一場規模不小的戰爭。然而，在各種場合下她都可以獲得完勝。頭腦，心靈還有她本性中的每種性格，在這種思想，教義和結論的戰爭中經常會被拉到緊繃的狀態。

「造成年輕女性懷疑主義的起因是什麼？」——一件事，並且只有一件事。罪惡的本來狀態，世俗的心靈。妳看見那條又寬又深的湍急河流了嗎？遠在山邊的泉源就是它的發源地。在這條河流的河道上可能已經匯集了很多支流，但是在山的那邊才是它的源頭。這同時也是這位年輕女性如此懷疑和不信任的泉源。她天生的心靈是反對上帝和更高級的道德形態的。妳能告訴我她在還是個嬰兒和小女孩的時候，她是和藹可愛的嗎？可能會是那樣。許多人都是這樣。但是如果妳使用了化學家用來檢驗偽造品時所用的那種實驗，妳就會發現對抗上帝的種子就在那個心靈之中。這些種子存在於每個年輕女孩的內心之中。對於一些人而言，更加引人注目而且更堅定，而對其他人，是以一種更加溫和的方式。在家庭中，聚會，校園，公共場所，以及各種不同的環境中進行的培養，都可能對這種思想有影響，我幾乎可以說，這是一種通病。對於年輕的女性而言即使是蓄意的懷有一種不信仰的想法都是有危險的。——「破壞者」就在那，漂亮的容器很快就可能被碰撞到他們上面而成了碎片，而且，在最黑的深夜也是那樣。她的品德和性格過於寶貴以致不能這樣的放任和無拘無束。這種優勢就會被狡猾敵人利用，在原有的基礎上有了一定發展，並且為有害的懷點增添了部分理由。由於被過去幾年大量證據令人悲傷的證明所驅使，直至現在，我仍然會依靠我的筆和我的心靈的全部力量，主張並且懇請年輕的女性們要當心娛樂消遣和懷疑的心所帶來的惡果。在一種或另一種形式上說，他們墮落了，而且會繼續墜落下去。

「普遍而言，難道男人們不會羨慕欽佩女人的宗教信仰和宗教行為嗎？不管他們自己是多麼的懷疑。」——在我的一生中，還有在社會的各個階級的人群之中，對於這個問題的肯定回答我還從來沒聽說過有例外的。我從來也沒有期望過這樣的例外。縱使所有那些無宗教信仰者的敵意和影響有多強大，這種信念都會到處埋藏在我們這個國度的土地上。感謝所有合適的情況下的復活。每個男人都想有一個好妻子；並且每個男人都希望有一個可以保護可以撫養孩子的好媽媽，她要心地善良，並且她在生活中的言行舉止都要保證其指示的是善良的，而不是指向邪惡。想想一個成為了妻子和母親的女人，她是一個安息日的破壞者，咒罵者，偶爾酗酒，偷盜犯，謊話精，異教徒或是所有其他這樣的！什麼樣的男人身為孩子的訓導者和家庭的太陽也得到其他男人的尊敬和愛戴？是的，我可以不過問，行為放肆，有著粗糙的並且不似女性的外表，而且在言語上說著所有紳士淑女不會說的事情，對於這樣女人，男人還會讚美嗎？。不，不！一位真誠的丈夫會始終希望讚美他妻子的姿容和外表，還有信念，是的，每個女人都有的信念，不管這個女人是不是他的妻子。這是他內心本能的渴望。在轟隆隆的雷鳴聲中我會把這種渴望強加在每個年輕女性的身上。就是在這許多女性犯了錯誤。由於害怕觸怒她的情郎，或是害怕失去結婚的機會，她會扼殺自己的信念而且似乎有些優柔寡斷。沒有哪位可敬的而且在身上還有成為男子漢的各種要素的先生可能留意這樣的一個過程。好心的男人是不會被那種方式欺騙的。但在另一方面，據我所知，他們欽佩任何一個女性做出的宗教選擇。然而對於所有讀到此處的年輕女性，我確實感到把這個細節述說得太沉重了。

「年輕女性的懷疑主義的危害影響是什麼？」——懷疑主義總是會使習慣和影響變得混亂。而且時不時就會這樣。這被認為是與她在家庭中的影響相反的。懷疑主義削弱了她爭取自己的幸福和其他的一些事業的道德力量。這是致命的。但是它不會就此停歇。她擁有很多夥伴並相互影響，悲傷錯誤的教義將會發揮它們的力量。這經常會導致她最好的朋友悲痛欲絕而且會懷疑她在未來的影響。我不是暗指她的純潔高雅可能是有誤的，或是就提到的道德觀而言，她的生活可能不是純粹的，但是如果一個女人是個懷疑主義者，她在道德品行上就不會像她可能成為或是應該成為的那樣強壯，這些都深深地埋藏在這個基督教國度裡的每個人心中。但是最令人感到悲傷的結果就是，它會毀掉她的靈魂。

「對於女性的懷疑主義什麼才是最好的治療方法呢？」——立刻停下來。藉由屈服最誠懇的信念就可以停止懷疑。我指的是那種儘管完全不相信但仍對所有美好的讚美都持有忠誠態度的信念。真誠的閱讀和學習聖經將會朝移除這種損害社會的道德上的夢魘邁出很大一步。妳不是第一個向我詢問的，「什麼是最好的治療方法？」許多沒有信仰的人都已經被治癒了。我告誡過，懇請過，也祈求過妳在即將邁入危險的第一步時就要停止下來。而且我再一次說，用心去讀聖經。妳應該懼怕被懷疑的篩網抓住，就像一個被燒傷過的男孩害怕火一樣。在妳已經允許了無宗教信仰在妳的內心扎根之後，從妳的生活中收集出上等的果實將會和在允許雜草和荊棘叢生的果菜園中豐收蔬菜一樣困難。接著，阻止妳的內心懷疑的萌芽。不要說，「我不能。」妳可以的。妳可以控制它，就像在其他事上的訓練一樣。我不是想說這不過是教育方面的事。造物主上帝會幫助妳。他保證會幫妳。農民不種小麥。他犁地，播種，然後就盯著在恰當和不恰當的時候都給他的糧食送來雨水的上帝。接下來，我的朋友，使用這種方法，閱讀有益的書籍，學習好的事情，尋求明智的諮詢，然後讓上帝來幫忙妳並且拯救妳，而且他會這麼做。不要讓任何一個年輕的女性告訴我她不行。她可能還會告訴我她不能把她自己從不純淨不道德生活的傷害和威脅中解救出來。身為處在成為女人最初階段的一名年輕女性，妳可能，而且應該帶著無法言表的真正信念的歡樂抓住那些會祝福妳全部生活的幫助和經歷。

妳的叔叔

第二十封信——如何對待不幸的人

我親愛的侄女伊薩：

這封信開啟了一個值得具有超凡的天賦的人去留心關切的問題。與對不幸的女孩們的關心關愛相比其價值也是有過之而無不及。我不是指那些被遺棄的孤兒或是沒有家的孩子，而是指那些做了讓人悲傷的事情一步步地走向罪惡深淵的人。多年來在我的心中，同情和真誠在挽救同儕發揮了作用，這個問題喚起了同情和愛，還有那些指責，希望和勝利的嚴詞厲語；譴責那些懶惰地在一旁觀看卻沒有對那些墮落的失意者提供幫助和給予希望的善良女性。

所有善良的人都十分認同這一點，不幸女孩的狀況都是令人感到悲傷的，而且應該伸出援助之手拯救每一個這樣的女孩並且祝福她們。但是問題是這項工作應該怎樣，而又何時，由何人來完成呢？當然在這封暫短的信中我只能給妳一些小提示。對於那些正在遭遇悲傷的不幸女孩而言，上帝可以讓某些人按某種方式把這些小提示變為成熟的安慰話語和行動，我非常肯定的是，比較幸運的那些女人和小女孩，在對待這些不幸的女孩時帶著輕蔑的態度並且忽視了她們的成就，這真是奇恥大辱。我知道女人的天性是熱心和敏感。而且當一個年輕的女孩已經失足的時候，所有的女性都會感到她們被捲入了責難之中。這不是為忽視了那些受盡凌辱和悲傷憂愁的人而辯解，即使他們可能是處在汙穢和墮落的深淵之中。一個言談優雅外表靚麗的女性，在她可以掌控她的言語和外表之後沒隔多久，她就站在了女性觀眾的面前，述說著她認識了一個逐漸迷失自己的年輕女性，一步步的走向深淵。在性格上她幾乎達到了惡名昭著，陰險，和痛苦的最深淵。在汙穢的和褻瀆神祇的話語方面，幾乎找不到和她一樣的人。她確實對其周圍的人形成了一種威脅。在沒有家具裝飾的房間坐在箱子上待一整天，充滿了憔悴和悲慘不幸，一位善良可愛的女性——基督耶穌的使者，來到她的身邊並且親吻下她的額頭。「妳那麼做是為了什麼呢？」她問道。「因為我愛妳，」是回答。「沒有人愛我，」是反擊。就在這時又親吻了一下。這個吻征服了她。她被融進了溫柔慈悲，悔恨，美德善行之中，而且得到了救贖。在敘述完這些故事之後，講述者繼續說到：「那個痛苦的，失落的女性，現在得到了挽救，站在你的面前。」當然所有這些的集合都融進了淚水，親切慈悲，還有愛，但是問題來了，「誰會是下一個呢，」成為那樣的人然後做類似的事情？每位女性，不管是年輕的還是年長的，讀了這幾行信之後，難道不會問問自己，在這件事中我有什麼要親自去做的事嗎？

「為了悔改而去禮遇招待這樣一類人是女性的使命嗎?」

我親愛的伊薩,妳自己會怎麼回答這個問題呢?我聽到妳說,「當然是了。」在這個回答之中我明白了妳的想法和做法。當一位年輕女性因為發燒或是出了事故而生病受傷時,如果此時妳能找到一位女性來看護她,照顧她,妳還會給木匠,鞋匠,麵包師,工人或是從事各種其他職業的人打電話嗎?絕對不會。那麼為什麼得了所有疾病中最糟糕的那種?如果妳願意可以尋求男人們的幫助,所有可能的幫助,但是在這件事讓女性掌握自己的命運堅持自己的觀點吧!

當一位著裝優雅的女性從馬車上下來時,鑽戒從她的手指上滑入了排水溝的汙物和汙水中之。她請求附近的男人協助將手放進汙水中取出鑽戒。他考慮了一下,盡力嘗試但是沒拿到,表示鑽戒可能已經被沖走掉進了下水道。「跳進下水道撿吧!」這是一個和鑽石有關而多麼令人吃驚的想法啊!但是比這還可怕一百萬倍的是這些有著無法言表的價值觀的女孩,這些女孩掉入道德和永恆的死亡的汙水之中,而那麼多驕傲且著裝優雅的女性正在讓男性們做著這些拯救她們的工作。隨著這些話,「它可能已經掉入下水道了,」從那個男人的嘴中說出來,那位女性脫下了她的手套,挽起了絲綢衣服,裙褶和絲帶，把手伸進了汙泥和髒水之中，很快就舉起了閃亮的鑽戒。這個女人做了男人都做不到的事情。世界各地的女人都應該挽起她的絲綢衣服，裙褶和絲帶，開始去尋找迷失的女孩，她們曾經十分光亮閃耀而現在卻埋身於罪惡的淤泥之中。但這是當前的迫切需求之一。但是我聽到妳說，許多優秀的年輕女性由於對大眾的意見充滿了恐懼而躊躇遲疑，甚至是在這些人中看見她的身影。以上帝的名義，就粉碎了大眾的意見吧！我知道「大眾的意見」這種觀念是一種清退道德改革潮水的強大手段。向前邁進，不論如何。維護妳的優良性格和美好人生。我們國家的年輕女性們肩負著這項工作，並且要讓世界明白她們將這稱之為事業。再者說，這是一股多麼強大的力量，而且有著多麼美好的結局。

「他們應該得到寬容的對待嗎？」

除了寬容地對待他們，沒有什麼其他方法能夠成功地用在他們身上了。基督耶穌就是這麼做的，而且很明顯，在執行這項工作的時候他召喚了他的助手，所有那些和他一起在聖經福音中工作的女性。

罪惡可能而且也應該在適當的時間和適當地點遭到譴責，但是善良和愛永遠都是必要的補救方式。善意的同情是每個墮落和痛苦的人所希望的。

「如果他們歸屬於他們自己的宗族和領域那他們應該受到怎樣的對待呢？」

似乎完全是另外一回事。罪惡都是相同的，心靈的悲傷也是相同的，痛苦就像深淵一樣打擊著，而且需求也是相同。這些在上帝面前都是平等的。其中有一種不應該而且也不可能被破壞的是「血緣關係」。但是在醫治這種頑疾的過程中，這種「血緣關係」應該盡可能的被忽視掉。

丟失的鑽戒在汙水中也同樣具有價值，不管它是屬於妳還是屬於其他人，而且當鑽戒被找到的時候它還是一樣的熠熠生輝，這都是真的。我們所要做的就是把它給撈出來。而且當找回了丟失的鑽戒的時候，對於主人而言它可能比以前還要珍貴。

「當他們被感化之後，應該怎麼對待他們呢？」

不是要忽視他們，好像拯救的工作已經結束了一樣。應該給予極大的關心和照顧。在這件事中要抱有極大的信心和自信。接下來使用這種方法估計當前的形勢。曾經在世界上成功進行的每一次改革都是使用這種武器。一個公司企業的成功是這樣，個人的成功也是這樣。看似強壯的寶寶也需要時間來成長，而且生命也需要被溫柔地看護照顧，就像是照顧體弱多病的小孩子一樣。在教授同情和幫助的過程中這應該成為一件個人的事。而且不要忘記或是忽略了和得到再生的人祈禱，也是為了這些得到再生的人祈禱。時不時的安靜地坐在他們身邊，指出聖經中那些安慰和支持的話語，而且口中一邊說著這些話語，一邊在相互關愛的祈禱中鞠躬致敬，將每種誘惑，弱點，希望以及需求都帶到上帝的面前。

「教區居民習慣怎麼對待不幸的呢？」

通常而言好像是以一種被上帝和人類捨棄了的方式。聽到說這和我們處理方法是一樣的，這是一幅多麼悲傷的畫面啊！在大眾的觀點中它就是撒旦。真的，對於這個觀點有一些崇高的例外。但是在教會或是在優秀的協會團體中，我們在那裡尋求合適的幫助和「食物」，可他們得到的卻是忽視和一塊「難以下嚥的石頭」。當然這個世界，這個冷漠的世界，是不會進行改革的，即使他們願意也不可能真正地去改革。他們可能會做很多事來挽救失落的軀體，但是靈魂卻不能得到其他人的祝福。在結束這封信前我必須再說幾句，在譴責不幸道路上我們的話語應該得有一個防護，因為我們對於使他們墮落走向迷途的動機和周圍形勢可能不太了解了。完全超出控制範圍的事情可能已經迫使他們走出了第一步。緊接著，在偶然之時，在無意中他們就會被那些應該已經施與了同情和愛，並且在更美好的道路上的領路前行的人所推動。

妳慈愛的叔叔

第二十一封信——校園裡的誘惑

我親愛的侄女：

妳現在還不是非常清楚上學的那些日子對自身產生的影響。在未來的日子，現在是否會得到改善成為一種可以感知的力量。如果是有害的，它會受到感知。如果是有益的，它也會受到感知。性格在學校時被不斷的壓模成形。而且我們的年輕人中的絕大一部分直到他們過了受教育的年齡都沒能理解他們受教育的特權的是一種多麼美好希望，毫無疑問真是這樣，千真萬確。確實是很失敗！而且一生的時間對於衡量他們的遺憾而言都不夠長。

非常多的少男少女，不管是在街區學校還是城鎮學校，不管是在學術協會還是在專科院校，看起來都不太清楚他們被送到的學校不同於戀愛階段的約會地點，也不是一個透過卸掉運貨馬車車輪，取下車門，敲響車鈴，剪掉馬尾巴，而且通常是剪斷，這種玩笑來嘲笑人的地方。如果他們帶著其他的計畫離開家，他們通常很快就會忘記這些計畫。但是在每一所學校都會有某種人，在他們年輕的時候，過著毫無拘束的放蕩的生活。但是學校對他們而言不僅僅是玩樂的場所。他們有自己的計畫，並且他們在追尋著。而且現在拋灑在他們的生活之中的是多麼明媚的陽光啊！有那麼多的女孩已經發現它確實如此。為了樂趣和瘋狂以外的事，她的生活藍圖被繪製出來。她擁有智慧和勇氣，受過訓練而且為了生活戰爭中的輝煌的勝利做好了準備。

但是妳問：

「什麼是學校當中的年輕女性最常見而又最危險的誘惑？」

沒能領悟到學習目的的年輕女孩。若沒有詳細分析這些問題，就無法在課程剛剛開始的時候抓住其中的重點。很快她就會落後並且完全失去了信心。大多數的人就是在此時被誘惑的，而且那些已經被誘惑的人必須用更多的毅力去克服山一樣的困難。另一種誘惑就是對於聖經的忽視。只要鼓勵年輕的女孩去追求一種可以培養文學素養卻沒有天天閱讀聖經這個項目的課程的時候，我會鼓勵年輕女性去建議她的丈夫在沙灘上建造一座房子當成他們生活的家園。試圖偽裝真相是毫無用處的，在進行學問研究的時候，不論是在哪閱讀聖經並且把閱讀聖經當作一個重要的因素考慮時，一種更加優秀的道德標準就會出現，這種優秀是相對於沒有這種的新的道德標準的地方而言的。還有另外一種誘惑就是與惡為伴。經常會在學校發現這種誘惑，在其他的地方也能發現。而且女孩們經常容易地落入這些人的隊伍。我們並不是一定要走出以學校為中心的圓圈才會發現有害的團體。的確是這樣，許多有著邪惡的心靈的目光都在渴望地關注著這片土地。不論敵人想在什麼時間或地點種下莠草的種子，這都是一個適合播撒它的地方。[6]有多少相當優秀的女孩做了這些事情，並且進行那些家人之間會恥於了解的交往關係。有一些人會認為這是沒有什麼危害的，並且認為在他們父母面前掩蓋某些事情也不會產生什麼危害。但是我認為，這是一條很危險但持續行進的路。對於校園中的年輕女性而言，沒有什麼能比低劣的文學著作與其附帶的邪惡有更多的危害及誘惑了。尤其是在最後的幾年，這類陷阱已經為女孩們設置好了。從為數眾多的學校，已經被派發出去的信件，小冊子還有期刊雜誌，引誘這些女孩為了得到「愛情粉末」，或是類似的管道，比道德死亡還要猛烈的武器將被放進她們的手中。從事這些行為的男男女女，他們看起來會比魔鬼化成的人身更可怕。事實既是如此，極其誠懇地呼籲所有父母和子女們要當心注意。在上課期間出現在娛樂場所這種誘惑通常是有害的。如果向它屈服，必定會侵犯學習，而且，它還經常有不道德的傾向。

「學校的那些影響與基督教信仰是不相容的嗎？」不一定是相悖的；但是經常允許

6 莠草即雜草，此處可引申為惡劣的影響或是不良夥伴。

它們這樣。校園的影響應該是有幫助的，而且我相信通常都是這樣。然而這個事實並不能掩飾，妨礙我們優秀品行的敵人正不斷地努力在我們最好的校園土地種下薊，麥仙翁以及雜草[7]。在校園的屋簷下建立無宗教信仰者的社會很快就會變成不信仰者流行的作法。但是，感謝恩惠和真理的賜予者[8]，「根基依然堅定挺立。」

相反觀點：學校的影響並不反對基督教信仰。確實，學校就是我們的根據地。沒有受過教育的基督教信仰者就像沒有引擎的鐵路之上的蒸汽一樣。並且每個在她面前有著學業優勢的年輕女性，都會躲避開這些誘惑，繼續向著勝利之路推進。

真誠的

妳的叔叔

7 薊，麥仙翁以及雜草，同樣可引申為惡劣的影響或是不良夥伴。

8 恩惠和真理的賜予者，意指上帝。

第二十二封信——真正的幸福

我親愛的侄女：

行動和語言在各方面都顯示，走這條可以保證獲得幸福的路以及占據這個有著同樣功能的位置的目的，就是為了獲得真正的幸福。這是每個靈魂都希望得到的，人間是這樣，天堂也是這樣。稍稍思考一下，年輕女性們就會完全明白這個道理。而且，我親愛的伊薩，能給妳一些可以對妳的幸福事業有所幫助的提示就是我在這封信中寫下這幾行文字的目的。而且不僅是為了使妳幸福，而是要盡可能的幸福。我十分肯定，如果我這麼做了，我自己也會和妳一樣的幸福。現在不要深深地吸一口氣，然後說，「叔叔將會繼續寫下去，好像他一直在吃醋，好像在這個世界的快樂之中就沒有幸福。」不是這樣的。我不會把妳從這世界不會傷害人的娛樂消遣中隔離出來。

我知道在我以前的信中我已經說過了一些簡單明白的事，而且我堅持主張這樣一條路線，這條路線可以讓上帝滿意，可以祝福妳周圍的人，而且妳自己還可以收穫莫大的幸福。並且如果妳能遵照我提出的那些建議的一小部分的去執行話，我就十分肯定妳在幸福生活的真正特徵上就不會有什麼缺失了。妳在問我關於這件事時的迫切心情（其中的一些問題我現在來回答妳），似乎向我保證了妳會成為一個真誠的詢問變得幸福的最佳方式的人。

「難道充滿罪惡的幸福不會留下傷痕嗎？」

那就是它所產生的後果。這個世界上充滿罪惡的樂趣是驗證了這一觀點的多麼醒目的記載啊！而且有這麼多人滿心熱切地湧進了使當前一刻幸福的計畫之中，他們完全清楚在下一刻必須忍受像響尾蛇的毒咬般的疼痛，這確實是很奇怪的。這幅場景是多麼的讓人感到難過啊！這並不划算。如果在妳人生的初期，在任何可能性允許的東西幫助下，下定決心並且制定出了人生規畫，帶著妳在度過人生的黃昏時期才會有的那種稱心滿意，妳就永遠不會沉溺在任何會留下傷痕的世俗的娛樂消遣的陰謀詭計之中。

「社會交往的樂趣和興奮能夠令人滿意嗎？」

非常滿意！非常滿足！看看這兩個詞語。好好想一想。衡量對比一下他們。現在告訴我妳更加明智的判斷的結果吧！我想聽到妳說，「這世上曇花一現的快樂可以讓人滿意，但卻不能讓人滿足。」親愛的伊薩，這是真的，而且無論是對於聰明人還是笨蛋而言，展現負面和消極都是愚蠢的。那麼，明智地選擇這種既可以討人喜歡又可以鼓舞人心的娛樂消遣，而不是選擇那些有著不利後果，失去了優秀的思想框架，貶低個性的，這是多麼的重要啊！這樣的娛樂消遣就擺在眼前，而且應該被每個心地善良的人挑選。那麼妳就會朝獲得這個世界的真正幸福這個目標邁出很大一步。當我提及到這一點的時候，讓我來建議一種方法吧！女孩們應該積極的去向那些在她們之前已經經歷過走過這條路的人詢問方向。如果妳想在這條道路上繼續前行，想諮詢關於這條道路的方向，妳認為哪個是最明智的作法，是去向那些以前曾經走過這條路並且一直以來就對此十分了解的人詢問，還是徵求那些從沒走過這條路並且對這條路一無所知的人的意見？妳會說，當然是由前人引領著。那麼為什麼多數的年輕朋友們在嘲笑著通過這條崎嶇不平的道路的人，發出的意氣昂揚的吶喊聲的同時，又都如此瘋狂地衝進了「生活歷程」的樂趣之中呢？為什麼？共鳴回答了是什麼原因？除了這是一種充滿罪惡的意願就沒有什麼其他原因了。難怪經常會發現有那麼多相當優秀的女孩們和年輕人喝下了悲傷的苦水，而我們的日報週報上的每一欄都充滿了由世俗的娛樂聚會這方面的話題產生的煩惱，毀滅以及道德的消亡。而且時不時的我們所精挑細選的就會被認為是犧牲品。那就是所謂的幸福。可能會有些樂趣，但是就像是一匙蜂蜜與一加侖的毒藥相比較一樣。讓我來考考妳，我的朋友，不要再細細品嘗了，除非妳已經完整地檢驗了它的品質好壞。不要把我當作是一個古老的守舊者。我知道對於我們的年輕人而言還有很多不涉及懷疑和傷害的娛樂消遣。

「真正的幸福能被不斷的獲取嗎？」

是的，可以。我們得到了來自萬能的神，所有生命中最明智最優秀的人對於這件事的保證。如果這些都不可能，他會教導並且要求我們獲得真正的幸福嗎？不，不。要記住，我沒說完美的幸福，而是說真正的幸福。我們能夠得到完美，但絕非是透過我們自己的功勞和才能，也不是以我們自己的眼光和觀念。但是我們能夠得到這種可以保證讓我們獲得令人滿意的幸福的動機，目的以及行動的道德純潔。給我展示個這樣的女孩看看，她下定決心要為周圍的人做些力所能及的好事，並且還要避免所有會傷害她自己的靈魂的事情，然後我再讓妳看看真正的幸福。

「年輕的女性能夠希望在她們未來的家庭中尋找到真正的幸福嗎？」

不可以，除非她們自己就能辦得到。除了妻子和母親以外，沒有哪個人能夠建立幸福的家庭。丈夫，孩子還有周圍的環境對於建立幸福的家庭都有些貢獻的。但是對於任何一個或是所有做這件事的人而言，這都是不可能的，除了讓她，上帝挑選的那個成為家庭的頂頭陽光的女人，來引領這條路。然而在我設想每個年輕女孩，或者說是幾乎每一位年輕女孩都在期待結婚，成立家庭，那我再補充幾句，並不是每個女孩都可以期望得到她所應該擁有的幸福，除非在她早年的習慣和教養之中就有這個目標了。如果一個四十多歲的男人在他年輕的時候忽視了去學習字母表上的字母[9]，他也會希望能夠受到良好的教育。她的教化培養應該堅定的嚴肅的站在這條道路上。在以前幾封關於家庭的信中我堅持要特別留意這些事，而且我現在說的這每一件事在本質上都不過是那些話的重複。為了我們的女孩，年輕的妻子以及每位母親的幸福；是的，還有丈夫和孩子的幸福，我深深地感受到這件重要的事情了。不僅僅是家庭的真正幸福應該在女孩的早期教養中就開始了，而且當她接受了丈夫的幫助的時候也應該找到一個絕對重要的轉捩點。支持並且保護她的誓言並不能完全滿足上帝在神聖的婚姻制度中所提要求。他是在向所有的家庭保證幸福。是的，他能夠給每個家庭帶來幸福。而且從這一刻開始這筆寶貴財富就委託給妻子了。如果她盡其所能的保護照顧這筆財富，她就可以期待得到真正的幸福。如果是誠懇地真誠地，她的丈夫就會維護這個誓言，按照她的指引，直到永遠。

妳親愛的叔叔

9　the letters of the alphabet，直譯為字母表中的字母，意指教育知識。

第二十三封信——奉獻

我親愛的侄女：

這封信將會圍繞關於一個極其重要的話題探討一些看法。這確實是一個至關緊要的，非常有特色的，而且很有影響力的話題。過去的日子，在年輕女性們中間已經有很多人，而且時至今日仍然有很多女性，她們已經理解了它的意義並且開始體驗神聖的生活，將會是何等的幸福且實用啊！

「讓神聖的意圖顯得與眾不同。」就是被很多偉大的優秀的男人用來定義真正的奉獻的話語。當然，妳必須去研究研究並且留心去徹底理解這一點。人們所從事的生活中的每一項事業和追求都可能帶有奉獻的特徵。但是神聖不可能被寫在所有事物之上。農業，商業貿易，藝術，歌唱，以及職業生活各種不同的階段可能僅僅在非宗教意義上是被視為神聖的。但是這不是我在這封信中所指的什麼。這是一種對神聖的生活更加崇高的而且更偉大的追求，就像是上帝所承諾的和人類所讚美的一樣。在獻身於推動最高尚的道德的影響之下，那個將會放置著天賦，時間，事業，商業和金融生意的地方，會以對大眾產生益處作為結束。在以前的信中，親愛的伊薩，帶著我對女性們的力量和天賦的讚賞，尤其是對年輕的女性，我應該渴望，真心實意地渴望年輕女性的奉獻，妳對此感到驚奇嗎？在妳的生命中妳永遠也不會再次看到奉獻變得更加容易，更加甜蜜，更加幸福，並且達到更加令人滿意的結局來祝福妳周圍的世界的時候了。青春期是人的一生中塑造性格和形成習慣的全部額外時間。接受文學方面的教育，學會經商，為接下來幾年追求生命的指責而做準備，這些都被認為是在早年的生活中必不可少的。那麼，為什麼在成年之前一直忽視宗教信仰和道德素養方面的培養呢？我們有太多的想法了，在早年生活中每一個非宗教的興趣都必須留意，還要關注在神聖的「繼續前行」中的我們的力量奉獻，以及在晚年的時候對於我們是否能久活的疑問。這是一個錯誤。這完全是錯誤的。聖典的全部教誨是，「汝等要當先求他的國，他的義，然後所有這些東西（物質的好處）都要加給妳們了。」[10] 讓年輕的女性接受這個觀點，將她的心靈，智慧以及信仰都奉獻到聖經教義的體驗之中，她會成為這個世界上的一束耀眼光芒。她的每一天，每一週，每一個月，每一年都會是多麼令人滿足的生活啊！妳的每一份力量都應該擺放在奉獻（祝聖）儀式的神壇之上。快樂不但一點都不會減少，相反卻會增添歡樂，並且對自己和其他人的益處將會翻十倍。妳問我，「我們的造物主需要我們獻身於他

10 為聖歌〈Seek ye first〉的歌詞，中文譯名為〈先求祂的國〉。

嗎？」——我一隻手中裝滿了神聖的敬畏，另一隻手中則裝滿了極樂的喜悅。神聖的敬畏，是因為缺失這種宗教體驗的後果，極樂的喜悅是因為這種經歷的希望和歡樂。如果不把自己奉獻給上帝，誰還能熱愛上帝或者對上帝滿意？上帝當然需要了。存在於我們內心之中的和睦和聖潔仰賴它。我們的言行舉止也同樣仰賴它。在妳的內心有著這種認知，歡樂就會成為妳的一部分，白天是，而且晚上也是。妳的神態，言語，行動以及生命都會受到人們的尊敬。這是耶穌的保證。但是妳說，許多人以它為業，但是卻拿不出證據。就是這樣。但這是因為許多人有這樣的想法，在宗教的職業之下，他們會成為教會的玩偶，並且在教會中除了被寵愛就沒有什麼其他事可做了。他們不知道自己是在為上帝和那些墮落的人工作。為了跟隨社會的潮流，身為專職的教會寄膳宿者。千千萬萬的年輕女性似乎都有這樣的看法。她們是例外，而且足以擔當先鋒。在這樣的引領之下讓奉獻來維護她前行的道路，而且各方面都會發生改變。長久以來我就期望親眼目睹這樣的景象。妳和其他地位相同的人可以做很多事情來加速這千年的黎明。妳會做嗎？就是為了這個目的上帝需要妳的奉獻。

「一次完整的而且令人滿意的奉獻（祝聖）儀式都包含什麼？」——我想我能給妳

一些建議。第一件值得關注的事就是一次有價值，有特色，有重大意義的正直談話。它值得妳花費時間專注於此。這就是妳要做的第一件事。就如同活著的時候妳希望得到幸福並且成為有用的人一樣真實，我不知道妳是否希望為這樣的過程試圖尋找一個替代。走進這「如此親切的祝福河谷，」滿足妳的靈魂的欣喜若狂的歡樂會遠遠凌駕於任何妳曾經了解的塵世景象之上。第二點，小心謹慎地做出對這個世界以及永恆的真理都有利的明智決定。不要小瞧「永恆的真理」這個詞。第三點，如果順利地制定出了那些必須被總結的條目，就要列舉出來。把奉獻（祝聖）這件重大的事情分項列舉出來是一種為了勝利和祝福的強大力量。智慧，眼神，聲音，心靈，雙手，雙腳，影響，時間，朋友，財產，與教會和社交團體的關係，所有的這些，是的，以及每一樣可以在妳的人生的清單上評價評估的。讓妳的神壇直通到上帝和神聖的所在吧！這樣的奉獻（祝聖）將會被打上神聖的封印。那就在於妳是否會全身心的投入到信仰之中。信念是位於力量和經歷之中一個重要的因素。妳必須相信它，而且對於妳的個人生活而言也是一樣，而且上帝將會為妳祝福。

第二十四封信——主日學校的教育

我親愛的侄女：

我想問問妳，妳是主日學校的女孩嗎？可能妳沒有參加過，但是妳願意去參加主日學校嗎，妳願意參加主日學校的每一項活動嗎，妳對這些活動感興趣嗎？如果妳是用肯定的語氣回答，我會說這非常值得妳花些時間。在人類的幸福事業中沒有什麼興趣愛好能超過這個的。當然，我不是說主日學校的教育會替代家庭的教育。但是在主日學校我們受到的教育有著其他地方無法給予的意義。讓我來告訴妳，不管其他人參與到工作的哪部分，年輕的女性們都會去填補了一個非常重要的位置，而且會繼續這麼做下去，越來越重要。妳為當前的緊急情況做好準備了？妳意識到對於主日學校的需求，以及它對妳未來的幾年的影響？

「我們會不斷的忘記我們在主日學校受到的教育嗎？」

不，永遠不會。理所當然不可能忘記。然而，就在這，我想讓妳想起妳主日學校總是有些益處的影響。誰曾經聽到過來自主日學校的任何傷害？這片大陸到處分散著相當多優秀的男人和女人，他們講自己的成就歸公於主日學校。當他們徜徉在誘惑和罪惡的寬廣土地上時，她們被抓住了，然後被下放到上帝的花園之中。並且他們在那裡生活，並將一直生活下去，他們將會在那裡死去，留下愉快的回憶，好像這個世界永遠也不會知道那裡就是當成主日學校使用的。

「年輕的女性應該參加多長時間的主日學校呢？」不管年輕的還是年長的，只要她活著就應該參加。在這所學院的計畫中，神聖的奠基人沒有為畢業或是學位制定任何規定。這是一所生活的學院，就像是家庭一樣。而且只要女性到了十多歲的時候她就會越過主日學校的特權和祝福，這是一種錯誤的想法。主日學校真正的目的就是阻止這種想法的。主日學校究竟是什麼呢？主日學校是一個獲取聖經的知識的地方。它是一個學習聖經的宏偉場所。是家以外最好的地方。家是（人生的）第一站而主日學校就是下一站。而且如果年輕的女性在主日學校擔任了應該擔任的位置，那麼她們就不僅僅是想盡可能的繼續下去，而是當她們開始承擔家庭的責任時，她們就能為履行家庭的職責做好更充分的準備。然而當這個情況成為現實的時候，年輕的女性應該下決心永遠也不要撤回她來自主日學校的影響還有推出主日學校，而生活依然會持續下去。對於一位母親而言，如果她本人離開了她的孩子參加的主日學校，計劃在家中做她應該做的道德教育方面的工作，這是不可能的。而且我主張妳使用所有的影響力，去制止時下追求流行的年輕人在他們結婚時就離開主日學校的惡習。他們更加需要主日學校的養育。

「你認為主日學校會產生一些在別的地方尚未發揮的優勢嗎？」

當然會有。在生活中的其他地方不會再出現一個同樣重要或是同等價值的職務。無法解釋它獨特的價值。但數百萬人都證實了這個事實。朋友，財富以及榮譽和我們的生活都沒有這樣的關係。

「你會建議一個不是教會成員的年輕女性去到主日學校去教授課程嗎？」

我會建議她這麼做是有一些原委的；但是理由很少。當不能找到可能或是願意教授的其他人時，而正好可以找到一位年輕的女性，儘管她不是一個基督徒，但她很聰明睿智而且在社會中品德出眾，我就會交給她一個班級。但是基於這項工作的本質和重要性的觀點給出忠告，立刻將她的心靈交給上帝是她的責任。我認識一些受到上帝的恩寵的老師。但是，當探討這個問題時，讓我再說補充幾句，與教會聯合在一起幾乎不可能會讓年輕的女性不適合主日學校的工作。成為主日學校的一員是地球上最有責任感的職位之一。這就像是為房屋鑄造強壯的根基一樣。每個星期有一百六十多小時，而教師和學者與班級在一起的時間還不到一小時。什麼樣的心靈和智力上的準備對於這項任務是必要的？我的經歷和觀察結果一直就是，年輕女性在主日學校的工作中的影響比其他任何階級的人都要大。如果所有能做這項工作的年輕女性都從事了這項工作，這項工作的力量會成長至多麼不可限量的境界啊！

「主日學校會提供給年輕的女性正當的道德教育到什麼程度呢？」

我會用這個答案來回答妳的問題：那種程度一定是無限浩瀚的，往最小了說，就像會不斷地被塞滿最好的結果一樣。

沒有感知到它的力量，年輕的女性就不會踩著她所有的生活之路中的任一條走下去。這種訓練教育的交織在未來的幾年會對她本身和那些與她有關的事情產生影響。

而且這種影響一直以來就不斷地被上帝和人類所敬重。

一切安好

妳的叔叔

第二十五封信——真正的女人

我親愛的侄女：

現在我已經開始寫這系列信件的最後一封了，在這一些列信件中我盡力在妳生活的初期提供幫助。我很高興知道妳已經獲得了這麼多的幫助，這其中大部分是我說過的。如果我不認為這些信件會成為一種祝福，我甚至都寫不完關於真正的女性這個話題結尾的幾行。在此之前我已經論述很多，這裡寫的文字不過是重複的內容[11]。在原有基礎上更進一步才是當前所需要的[12]。就像釘釘子那樣，建造房屋也必須對其所處位置一次又一次的重槌擊打才能使房屋有穩固的根基，在社會的組織結構中也是一樣，每位年輕女性同樣需要一步步的指示和幫助才能鞏固她們的地位。我不會說真正的女性很稀少或是很罕見的。不，不，真正的女性是有很多的。但是當今有更多的女孩可以使真正的女性這個族群擴大一百倍。

對於女性而言僅僅在性格中變得純潔，生活中變得純粹還是不夠的。她有很多天

11 daguerreotype，銀版攝影法，又稱達蓋爾銀版法，公認是照相的起源。由達蓋爾發明於西元 1839 年。在研磨過的銀版表面形成碘化銀的感光膜，於 30 分鐘曝光之後，靠汞昇華顯影而呈陽圖。此處意指是以前寫過的文字的影像，即重複。

12 line upon line，得一進二，此處意指在以前寫過的文字的基礎上有些創新進步。

賦，並且有各種的能力和影響。並且在一些職位上勝過男性。

「真正的女性通常在於什麼？」女孩們在成為真正的女性的渴望和決定中首要想法，應該瞄準在對於女性生活而言最適合的位置上。對於那些來自更加低下的各行各業的偉大的男人而言，已經成為這個世界上的耀眼光芒的女性們，經常是從看起來希望非常渺茫的地方和社會階級中一躍而起。閃亮的黃金珠寶通常是來自最粗糙最黑暗的岩石和土壤。便宜的印花白布不再是判斷標準。如果她來到了一個充滿力量，祝福和影響的地方，她必須鎖定目標。如果她這麼做了就會有所回報。沒有其他人能去鼓舞她。她必須依靠自己發掘。雖然她能在自己的周圍人中尋求到足夠的幫助，但是卻能最終依賴她自己。我親愛的伊薩，讓這種思想占據妳的內心吧！並且找到其他思想都不曾有過的對妳的生活進行祝福的錨地。我不單單鼓勵那些身世貧困並且處在低下卑微的環境中的女孩，而是對於所有階級的女孩的鼓勵。在富裕的家庭中，教育和教養是許多女孩的選擇。從任何一個方面而言所有的這些人都不是真正的女人。事實上，身處上流社會的這些人身上有著各種不同形式的罪惡。在這裡有著和其他地方一樣多的對於目標的需求。父親，母親，鄰居，朋友，財富，尊嚴以及這世界上的環境，所有的這些或是其中的任何一個都不能使一個女孩成為真正的女人。不管她是擁有大量財富還是走在貧窮的山谷中[13]，她自己的神聖的力量肯定確定了她的性格的特徵和女性的地位。

「真正的女人可能會忽視宗教信仰嗎？」不，真正的女人是不會忽視宗教信仰的。事實上，她不可能長時間的忽視宗教信仰並且還保持動力，力量以及真正的女人的影響力。屆時當妳讀到這裡的時候，嘴裡說著，有一位不知姓名的女性，她不是基督徒，但她是一個好女人。許多女人有著純潔的性格，過著舒適的生活，但從高尚並且高貴的意義上而言，她對自己，對這個世界以及其他同樣是上帝創造的女人卻不真誠。我冒昧的說一句，妳常常會發現那些預設希望成為的女性目標，從基本意義上而言都是有些缺陷的。我們的觀念的道德衝擊力或多或少在我們之間流傳的關於女人「在這個世界上沒有上帝沒有希望」的想法面前被反彈了回來。不管它是多麼的無法述說和無法解釋，但我知道這是一個無可爭議的事實。那些女人她們自己也是這麼認為的，而且經常是到了非常確信的地步，而且事實上我相信這會是真的。

「在文明社會中一個真正的女人會受到人們的歡迎嗎？」她肯定會受人歡迎。文明

13 walk in poverty's vale 行走在貧窮的山谷中，意指家境貧困。

社會就是可以獲得極大讚美的地方。她的影響和生活在此將會得到價值的提升，而在其他的領域是不可能的。其他一些人所抱有的相反的觀點則是錯誤的。真正的善良仁慈總是聰明才智的婢女。那些沒有太多鍍金飾品裝飾和出眾的外表，但內心純潔和真誠的女人是非常受人歡迎和讚美的。我想提醒妳，可能會有這樣一些人，他們從事藝術和時尚事業領域，但卻只是欺騙者，在真正的女人面前，與來自貧民窟的肥胖的酒鬼站在鏡子面前洋洋得意的幸福相比，他們的幸福不見得多多少。像在這個世界的仿造品之中，大量金錢總是非常寶貴的一樣，如此真誠的性格總是會得到品性最端正的人甚至是最壞的人高度地尊敬。

「一個女人能夠對她自己真誠並且總是貫徹她的職責的信念嗎？」這就是那個她的純真將會綻放出耀眼光芒的地方。有很多人缺乏勇氣，但是這個世界讚美正直誠實還有對於正義的奉獻。一個對自己真誠的女人就可能會對其他人真誠。這個世界會欽佩讚美這樣的人。更進一步地說，這種人的信念很可能會對於祈福有所貢獻而不是詛咒。讓她緊隨著這些信念吧！她的性格將會閃耀，這是無法言表的。帶著對於她的信念的真正忠誠，女性的行動是現代最大的需求並且是最必不可少的需求。孩子們，丈夫，還有家庭都需要它。

「真誠的女人會得到什麼樣的回報？」首先，是一種避開朦朧陰鬱的林蔭，有尊嚴而又幸福的生活體驗。除此之外，還可能帶來有意識的和平，她感受到了來自全能全知的神的讚許。這比紅寶石還要有價值，而且可以給心靈提供了無法言表的歡樂。她擁有在未來獲得幸福的希望。由某些虛假的教義組成的偽造品所助長的希望，它欺騙女孩們要為自己和這個世界而生活，做一個娛樂和時尚的愛好者，散播著打擊她周圍士氣的影響，使用著無法令人滿意的思想，語言和行為直至終點，而接著卻一步步走向無法用語言形容的輝煌，這樣的希望是不存在的。對，是不存在的。但是信仰的希望，信奉耶穌，一直引領著她沿著自我犧牲和終生信仰上帝的道路前行，多年來一直引領著她充實自己，以指導愚昧的人，供給貧窮的人，為裸身的人穿上衣服，安慰憂傷的人，引領迷失方向的人，教授兒童知識，撫慰受傷的心靈並且在她生命中的每一天，每一週，每一月和每一年在她前行的道路上撒播玫瑰花。這種希望歡迎死亡，為來自天堂的主的再次駕臨而歡呼，並且囑咐天國之城的大門准許她豐盛地進入有著應許的榮耀的天國。

妳慈愛的叔叔

電子書購買　爽讀 APP

國家圖書館出版品預行編目資料

艾伯特．費爾普斯談女性與教育：社會責任、素養教育、兩性關係……25 封叔姪間的青春寄語，看 19 世紀美國的女性價值及對信仰道德的思索 / [美] 艾伯特·費爾普斯·格雷夫斯（Albert Phelps Graves）著，王灤萱 譯 . -- 第一版 . -- 臺北市 : 崧燁文化事業有限公司 , 2023.10
面；　公分
POD 版
譯自 : Twenty-five letters to a young lady
ISBN 978-626-357-628-5(平裝)
1.CST: 自我實現 2.CST: 女性 3.CST: 書信
177.2　　112014023

艾伯特．費爾普斯談女性與教育：社會責任、素養教育、兩性關係……25 封叔姪間的青春寄語，看 19 世紀美國的女性價值及對信仰道德的思索

臉書

作　　者：[美] 艾伯特·費爾普斯·格雷夫斯（Albert Phelps Graves）
翻　　譯：王灤萱
發 行 人：黃振庭
出 版 者：崧燁文化事業有限公司
發 行 者：崧燁文化事業有限公司
E-mail：sonbookservice@gmail.com
粉 絲 頁：https://www.facebook.com/sonbookss/
網　　址：https://sonbook.net/
地　　址：台北市中正區重慶南路一段六十一號八樓 815 室
Rm. 815, 8F., No.61, Sec. 1, Chongqing S. Rd., Zhongzheng Dist., Taipei City 100, Taiwan
電　　話：(02) 2370-3310　　傳　　真：(02) 2388-1990
印　　刷：京峯數位服務有限公司
律師顧問：廣華律師事務所 張珮琦律師

定　　價：250 元
發行日期：2023 年 10 月第一版
◎本書以 POD 印製